Manfred Scheuer
Mehr oder weniger?

Manfred Scheuer

Mehr oder weniger?

Dem rechten Maß
im Leben nachspüren

Tyrolia-Verlag • Innsbruck-Wien

INHALT

Vorwort 6

Mehr oder weniger? 11
Freiheit, Selbstannahme und Selbstlosigkeit .. 29
Der Versuchung widerstehen 41
Vergebung von Herzen 53
Die Wüste als spiritueller Ort 63
Erwachsen glauben 69

Anmerkungen 79

VORWORT

Wie geht denn christliches Leben? Was macht den Unterschied aus?

Diese Fragen werden immer wieder gestellt. Und immer wieder werden „To-do-Listen" oder Gebrauchsanweisungen erwartet. Doch so einfach ist es nicht. Wie christliches Leben geht, ist vielmehr ein Erspüren und Erfahren von Gottes Gegenwart und seinem Anspruch an uns. Es ist die Heilige Schrift, die Bibel, die uns hier die Richtschnur vorgibt. Aber auch der Erfahrungsschatz des Glaubens von Christinnen und Christen, der seit Jahrhunderten weitergegeben wird. Es ist der Glaube in Gemeinschaft, der uns trägt.

In diesem Sinne wollen auch die in diesem Buch versammelten Gedanken mehr zu einem Erspüren und Erfahren anregen. Sie dienen nicht als Nachschlagewerk und Rezeptbuch. Sie dienen der Sehnsucht nach einem Leben, das ein „Mehr" will, auch wenn das vielleicht ein „Weniger" erfordert. Viele dieser Gedanken fußen auf einer Predigt, die ich beim Abschlussgottesdienst der Salzburger Hochschulwochen 2023 am 6. August 2023 gehalten habe.[1] Geringfügig überarbeitet und angereichert mit weiteren

Gedanken, verstehe ich diese als Impulse, über einen verantworteten Umgang mit den uns anvertrauten Gütern, über das „rechte Maß", nachzudenken.

Maß ist in einem doppelten Sinn zu verstehen: Es geht um eine Dynamik des Wachsens zwischen „zu viel" und „zu wenig" in allen Bereichen des Lebens. Zudem geht es um die „discretio", die „Unterscheidung der Geister". Das Kriterium hierfür ist die Person Jesu. Ein weiteres Kriterium ist die Auferbauung der Gemeinschaft. Charismen sind an dem Maß zu messen, ob sie anderen nützen.

Im Oktober 2024 hat Papst Franziskus überraschend die Enzyklika „Dilexit Nos" über die menschliche und göttliche Liebe des Herzens Jesu veröffentlicht. Überraschend einerseits, weil eigentlich zum selben Zeitpunkt die in Rom tagende Weltsynode im Fokus der Kirchenöffentlichkeit stand. Überraschend war vielleicht andererseits auch, dass sich der Papst nach den vorausgehenden „sozialen" Enzykliken „Laudato Si" und „Fratelli Tutti" nun dieser spirituellen Thematik zuwendet.

In der Ausfaltung der missionarischen Dimension der Hinwendung zum Herzen Jesu Christi führt der Papst aus: „Das christliche Lebensmodell ist attraktiv, wenn es ganzheitlich gelebt und zum Ausdruck gebracht werden kann: nicht als bloße Zuflucht in religiöse Empfindungen oder in prunkvolle Rituale. Was wäre das für ein Dienst an Christus, wenn wir uns mit einer individuellen Beziehung begnügen würden, ohne Interesse daran, den anderen zu helfen, so dass sie weniger leiden und besser leben? Wird es dem Herzen, das so sehr liebte, etwa gefallen, wenn wir in einer innerlichen religiösen Erfahrung ohne geschwisterliche und soziale Auswirkungen verharren? Seien wir ehrlich und lesen wir das Wort Gottes in seiner Gesamtheit. Aber aus demselben Grund sagen wir, dass es sich auch nicht um eine soziale Förderung ohne tieferen religiösen Sinn handelt, die letztlich darauf hinausliefe, für den Menschen weniger zu wollen als das, was Gott ihm geben möchte."[2]

Es ist auch hier das rechte Maß, worum es im Letzten geht. Stets dieses rechte Maß für ein christliches Leben in der Nachfolge Jesu im Auge zu behalten, ist freilich eine Kunst. Es gibt keine Garantie für ein Gelingen. Und doch darf uns eines trösten, wie es Papst Franziskus in „Dilexit Nos" festhält:

*„Es ist nicht wichtig, ob du Ergebnisse sehen kannst,
überlasse das dem Herrn,
der im Verborgenen der Herzen wirkt,
aber höre nicht auf, dich bei dem Versuch,
anderen die Liebe Christi zu vermitteln, zu freuen."*[3]

Dezember 2024
Manfred Scheuer

MEHR ODER WENIGER?

„Der Mensch ist, was er isst"

Dieses Wort wird ursprünglich Philippus Theophrastus Bombast von Hohenheim (1493–1541) zugeschrieben.[4] Paracelsus, wie man ihn kurz zu nennen pflegte, war Arzt, Alchemist, Astrologe, Mystiker, Theologe und Philosoph. Er besuchte vor mehr als 500 Jahren Schwaz in Tirol und studierte die Alchemie bei Sigmund Füger. Gestorben ist er in Salzburg.

„Der Mensch ist, was er isst."[5] Ludwig Feuerbach verwendet diesen berühmten Satz in einer Rezension von Jacob Moleschotts „Lehre der Nahrungsmittel für das Volk" (1850). Was essen wir so im Laufe eines Tages oder einer Woche? Wie gesund oder wie krank machend sind die Speisen, wie gesund sind die Abwechslung, die Vielfalt oder das Durcheinander beim Essen und Trinken? Wie schlagen sich die Essgewohnheiten auf unseren Leib mit Gewichtsproblemen und Beweglichkeit? – Es mag auch hilfreich sein, uns vor Augen zu führen, was wir im Laufe einer Woche an geistiger Nahrung aufnehmen, und das Ganze auf einem Tisch auszubreiten: die Tages- und Wochenzeitungen, die Illustrierten, die Werbebroschüren, die Nachrichten via Internet, Emails und SMS, die Fernseh- und Radiosendungen, die Musik über CD, die Romane, alle optischen und akustischen Eindrücke, den persönlichen Gedankenaustausch, die Gespräche, Diskussionen und Sitzungen ... Wenn man das alles im Hirn, Herz oder Bauch(gefühl) auf einen Haufen geworfen sieht, was heißt das für die leibliche und geistige Gesundheit bzw. Krankheit? Und welche Auswirkungen haben leibliche und geistige Nahrung, haben unsere Mobilität und Freizeitgewohnheiten, die Befriedigung unserer Bedürfnisse, unsere Ansprüche an Infrastruktur auf das soziale und politische Miteinander, auf das globale Wirtschaften, auf regionale und globale Rechts- und Unrechtsverhältnisse, auf das Ökosystem, bzw. welche Wechselwirkungen gibt es da?

„Die Kirche hat eine Verantwortung für die Schöpfung und muss diese Verantwortung auch öffentlich geltend machen. Und wenn sie das tut, muss sie nicht nur die Erde, das Wasser und die Luft als Gaben der Schöpfung verteidigen, die allen gehören. Sie muss vor allem den Menschen gegen seine Selbstzerstörung schützen. Es muss so etwas wie eine richtig verstandene Ökologie des Menschen geben. Die Beschädigung der Natur hängt nämlich eng mit der Kultur zusammen, die das menschliche Zusammenleben gestaltet. Wenn in der Gesellschaft die ‚Humanökologie' respektiert wird, profitiert davon auch die Umweltökologie",[6] schreibt Papst Benedikt XVI.

Die Dosis macht das Gift

„Alle Dinge sind Gift, und nichts ist ohne Gift. Allein die Dosis macht, dass ein Ding kein Gift ist."[7] (Paracelsus)

„Nicht das viele Wissen sättigt und befriedigt die Seele, sondern das Innerlich-die-Dinge-Verspüren-und-Schmecken."[8] (Ignatius von Loyola)

Ludwig Wittgenstein, der bedeutendste österreichische Philosoph des zwanzigsten Jahrhunderts, befasst sich mit der Abwechslung der philosophischen Diät im metaphorischen Sinne: „Eine Hauptursache philosophischer Krankheiten – einseitige Diät: man nährt sein Denken mit nur einer Art von Beispielen."[9]

Ursache vieler leiblicher und geistiger Krankheiten ist ein „Zuviel" oder auch ein „Zuwenig", falsche Dosierung, falsche Diät.

Zu viel: zu viele Worte (Wortdurchfall); zu große Portionen; zu viel Gewicht; zu schnell; „mir wird alles zu viel", d. h., das Leben wird zur Überforderung; zu viel Information; zu viele Daten; zu viel Geplapper; zu viel Lärm; zu viel Müll; zu viel Abfall; zu viel Arbeit. Das Glücksversprechen, das mit dem Streben nach immer mehr verbunden zu sein schien, hat an Überzeugungskraft verloren. Zunehmend empfinden die Menschen in der Überflussgesellschaft eine Qual der Wahl. Sie leiden unter der Vielfalt der Optionen, dem Entscheidungsdruck und vielen anderen negativen Begleiterscheinungen des ständig wachsenden Konsums.[10]

Falsche Diät, falsche Dosis, das bedeutet für gar nicht so wenige Menschen ein „Zuwenig": zu wenig Zeit; zu wenig Aufmerksamkeit; zu wenig Anerkennung; zu wenig Wertschätzung; zu wenig Liebe; zu wenig Stille; zu wenig Freizeit … Wie viele Menschen fühlen sich zu kurz gekommen, ungerecht behandelt, zu wenig geliebt?! Zu wenig Geld, zu wenig Schönheit, zu wenig Ansehen, zu wenig Macht … Das „Zuviel" und „Zuwenig" führt zu einem viel tieferen, nicht mehr auflösbaren Nicht-mehr-Mögen und Nicht-mehr-Können, zu Überforderung und Ohnmacht, zu Unübersichtlichkeit, Unsicherheit und

Angst. Eine Reaktion darauf ist die Forderung nach einem radikal anderen Lebensstil, nach dem rechten Maß, nach Reduktion auf das Essenzielle, die Suche nach Einfachheit und Klarheit.

Reduktion auf Einfachheit

Viele Autoren wie Ulrich Beck, Jürgen Habermas oder Jean-François Lyotard betrachten Komplexität als ein wesentliches Merkmal unserer Transformationsgesellschaft; die Komplexität führt zu Ungewissheit, daraus ergibt sich ein Gefühl der Überforderung. Wo sich Unsicherheit und Unübersichtlichkeit breit machen, schleicht sich auch die Angst ein. Und Angst ist nicht nur ein guter Ratgeber in Gefahr oder ein Signal in der Dunkelheit, sie kann auch unberechenbar und sogar böse machen. Die gegenwärtige Gesellschaft ist durch ein hohes Maß an Komplexität und Pluralismus, durch eine massive Unübersichtlichkeit gekennzeichnet. Traditionelle Sinn- und Wertsysteme bröseln. Institutionen wie Staat, Parteien, Interessensvertretungen verlieren an Gestaltkraft und an Glaubwürdigkeit. Eine Reaktion auf diese Unsicherheit und Unbehaustheit ist der

Fundamentalismus. Fundamentalismus meint (auch) ein Denkverhalten, das die komplexe Wirklichkeit auf Überschaubares, auf Einfaches reduzieren will. – Die Reduktion auf Einfachheit hat also durchaus ihre Licht- und Schattenseiten.

Was aber meint „einfach" und „Einfachheit"? Positiv bedeutet es Klarheit und Verzicht: „Vollkommenheit entsteht nicht dann, wenn man nichts mehr hinzufügen kann, sondern wenn man nichts mehr wegnehmen kann." Dieses Wort von Antoine de Saint-Exupéry wird häufig in der Managementliteratur zitiert.[11] Martin Heidegger schreibt: „Das Einfache verwahrt das Rätsel des Bleibenden und des Großen. Unvermittelt kehrt es bei den Menschen ein und braucht doch ein langes Gedeihen. [...] Den Zerstreuten scheint das Einfache einförmig. [...] Verzicht nimmt nicht. Der Verzicht gibt. Er gibt die unerschöpfliche Kraft des Einfachen. Der Zuspruch macht heimisch in einer langen Herkunft."[12]

„Einfache" Menschen hatten aber gegenüber Ideologien oft einen besseren Durchblick als Intellektuelle. Als Adolf Hitler beim deutschen Einmarsch in Paris am 14. Juni 1940 am Höhepunkt seiner Macht und seiner Erfolge war, notierte Theodor Haecker in seinen „Tag- und Nachtbüchern 1939 bis 1945": „Aber in vielen einfachen Menschen ist heute ein dumpfes Ahnen, dass auf unseren Erfolgen kein Segen ruht und keiner ruhen kann."[13] Es war z. B. der einfache Bauer und Mesner Franz Jägerstätter, der schon 1938 die Dämonie des Nationalsozialismus durchschaute und der deshalb zu einem klaren Nein gegenüber dem Gott und Menschen verachtenden Regime und den von diesem ausgelösten Krieg kam.

Dag Hammarskjöld, der Mystiker auf dem Sessel eines UNO-Generalsekretärs, schreibt über die Einfachheit: „Einfachheit heißt, die Wirklichkeit nicht in Beziehung auf uns zu erleben, sondern in ihrer heiligen Unabhängigkeit. Einfachheit heißt, sehen, urteilen und handeln von dem Punkt her, in welchem wir in uns selber ruhen. Wie vieles fällt da weg! Und wie fällt alles andere in die rechte Lage! Im Zentrum unseres Wesens ruhend begegnen wir einer Welt, in der alles in gleicher Art in sich ruht. Dadurch wird der Baum zu einem Mysterium, die Wolke zu einer Offenbarung und der Mensch zu einem Kosmos, dessen Reichtum wir nur in Bruchteilen erfassen. Für den Einfachen ist das Leben einfach, aber es eröffnet ein Buch, in welchem wir nie über die ersten Buchstaben hinauskommen."[14]

Das rechte Maß

„Geistliche Übungen, um über sich selbst zu siegen und sein Leben zu ordnen, ohne sich durch irgendeine Anhänglichkeit bestimmen zu lassen, die ungeordnet ist",[15] benennt Ignatius von Loyola ein Kapitel der „Exerzitien". Einlasstore von massiven Störungen im individuellen und auch sozialen Bereich sind nicht selten physische, psychische oder auch spirituelle Überforderung oder eine chaotische Lebensführung.

Große geistliche Begleiter wie die Wüstenväter, Benedikt von Nursia , Ignatius von Loyola ... wissen um die Bedeutung von anthropologischen Grundkonstanten wie um die Leiblichkeit, um die Bedeutung von Raum und Zeit, um die Wichtigkeit von Prioritäten. Und sie kennen die Wichtigkeit von Übung und Training. Diese metaphysische Ordnung ist zugleich eine Ordnung der Freiheit gegenüber allem, was nicht Gott ist. In spirituellen Wegen geht es um Reinigung und Befreiung von Fixierungen, Süchten oder Anhänglichkeiten an Gedanken, Gefühle, Macht, Ehre, Besitz ..., auch gegenüber anderen Menschen und gegenüber sich selbst. Nicht übertriebene Askese, sondern das rechte Maß ist das Ziel. Dieses rechte Maß ist gerade bei Versuchungen zu leiblichen

Süchten wie Völlerei oder Trunksucht wichtig. Zur Ordnung des Lebens und damit zur Widerstandskraft gegen das Böse gehört in diesem Kontext auch die Bildung von ethischen Werten und Überzeugungen. Bei einer Verwahrlosung des Denkens, bei einer totalen Vergleichgültigung aller Werte und Unwerte, bei einer sittlichen Promiskuität wird das Böse unvermeidlich.

„Die Blickrichtung der Maßhaltung wendet sich nach innen und prüft die eigenen Ansprüche darauf, ob sie wirkliche, nicht oder nur schwer verzichtbare Bedürfnisse darstellen und ob bzw. wie sie sich mit den Bedürfnissen aller anderen abgleichen lassen. Sie versucht, im Spannungsfeld von Gemeinwohl und Einzelwohl für jeden Konfliktfall eine angemessene Selbstbeschränkung zu erwirken. Maßhaltung ist folglich die Zwillingsschwester der nach außen gerichteten Gerechtigkeit. Gemeinsam mit der [...] Genussfähigkeit interpretiert und formt die Maßhaltung das menschliche Streben nach Lust und Wohlergehen: Während die Maßhaltung die Lust quantitativ erfasst und die gesunde Mitte ihres Maßes bestimmt, zielt die Genussfähigkeit auf die qualitative Seite der Lust, bei der es nie ein Zuviel, sondern nur ein Zuwenig geben kann. Die Logik des beliebten Slogans ‚Weniger ist mehr' rekurriert auf diese Verbindung: Ein Weniger an konsumierten Gütern kann ein Mehr an Genussfähigkeit erzeugen, weil die Lust nicht im Überfluss erstickt, sondern zum immer intensiveren Schmecken und Kosten animiert wird",[16] schreibt der in Linz lehrende Moraltheologe Michael Rosenberger.

Vernünftige Lebensregeln und ethische Überzeugungen stärken die Widerstandskraft gegenüber Versuchungen. Ohne ein gewisses Maß an Askese, an Selbstbeherrschung, ohne Beschränkung von Bedürfnissen und Wünschen ist weder eine Rücksicht auf das eigene Wohl noch auf die Rechte anderer möglich. Das sei auch gegenüber der naiven Meinung gesagt, Triebbedürfnisse einfach gewähren zu lassen. In vielen Bereichen der Leidenschaften und Süchte sei, so der Psychotherapeut Albert Görres, Selbstüberschätzung der eigenen Souveränität und Freiheit, der Standhaftigkeit und Unbestechlichkeit die häufigste Ursache schlimmer Dinge. Positiv geht es um eine Sensibilität für die Wunden der Gegenwart: Eine engagierte Sensibilität – wie sie etwa bei Dietrich Bonhoeffer oder Alfred Delp sichtbar ist – lässt sich nicht kopieren und nachahmen. Es gilt, sie immer wieder neu in der jeweiligen Gegenwart zu entwickeln, zu schärfen und in konkretes Engagement umzusetzen.

Asketische Kultur?

In Gesellschaftsmagazinen wird eine Renaissance des Minimalismus wahrgenommen, der als eine Art Lifestyle eine Gegenbewegung zur Konsumwelt darstelle. Im Kern geht es darum, sich auf das Notwendige und Wesentliche in allen Lebensbereichen zu beschränken. Das hat nicht zwangsläufig mit Verzicht zu tun. Vielmehr gehe es darum, sich von Ballast zu befreien, der nur dazu führe, sein Leben fremdbestimmt zu verbringen. Minimalismus als Lifestyle erfasst sämtliche Lebensbereiche von der Ernährung über die Kleidung, die Wohnverhältnisse und den Konsum. So verzichten Minimalistinnen und Minimalisten zum Beispiel bewusst auf Fertiggerichte und Süßigkeiten, wählen ihre Kleidung nach Haltbarkeitsgesichtspunkten aus, leben auf möglichst wenig Wohnfläche und setzen auf nachhaltigen Konsum. Digitaler Minimalismus konzentriert sich auf den bewussten Umgang mit Smartphone, Tablet und PC. Auch der sorgsame Einsatz von Energie und Wasser gehört zu einem minimalistischen Leben. Minimalistinnen und Minimalisten versuchen, Mensch und Umwelt wieder in Einklang zu bringen. Man will ein möglichst ballastfreies Leben führen.

Das zügellose Verfolgen ökonomischer Ziele hatte massive Störungen im ökologischen, demographischen und gesellschaftlichen Bereich zur Folge. Angesichts dieser Störungen wurde schon in den 70er Jahren des 20. Jahrhunderts die Forderung einer asketischen Kultur laut.[17] Maßhalten, Bescheidenheit, Selbstbeherrschung, Askese und bewusste kulturelle Disziplin sind die Postulate. Dabei geht es nicht um eine Romantisierung der Armut, sondern um die Frage der Zukunft der Schöpfung und der Menschheit. Ein verantworteter Umgang mit den Schätzen der Natur fordert ein neues Denken. Die Lebens- und Verbrauchsgewohnheiten, das Konsumverhalten und die Frage nach dem Lebensstandard insgesamt sind kritisch zu beleuchten.

In diesem Zusammenhang eröffnen die evangelischen Räte und die Armut im Besonderen eine Perspektive der Zukunft und der Hoffnung. Im Geist der Armut können wir frei sein von Ansprüchen und Bedürfnissen, die wir uns einredeten oder einreden ließen. Der Geist der Armut hat den Mut, statt des

Wortes „Ich" das Wort „Wir" an die erste Stelle zu setzen, zu teilen, füreinander und miteinander die Güter dieser Welt zu haben und zu nutzen. Armut meint die Freiheit, der das Wenige kostbarer und reicher ist als der Überfluss, der Überdruss weckt. Wer arm und frei sein kann, lässt sich nicht versklaven an eigene Lebenserwartungen und Lebensentwürfe, er kann auf den Anspruch Gottes, auf den Anspruch der Mitmenschen und Mitgeschöpfe hören. Im Geist der Armut verschenkte Möglichkeiten sind nicht verlorene Möglichkeiten, sie sind Voraussetzung für einen freieren Dienst an anderen.[18]

Carl Friedrich von Weizsäcker, Naturwissenschaftler und Philosoph, forderte neben der asketischen Kultur auch einen neuen Zugang zur Kontemplation als Alternative zu den Aporien der Moderne ein: „Der Beitrag, den der Kontemplative für die Gesellschaft leistet, besteht gerade in seiner Kontemplation. Ein so fragwürdiges, intellektuell so unerleuchtetes, durch und durch ambivalentes Gebilde wie die menschliche Gesellschaft der Hochkulturen bis auf den heutigen Tag kann nur dann das Abgleiten in die Selbstzerstörung abhalten, wenn immer einige in ihr leben, die um der Wahrheit willen die Teilnahme an ihren Tätigkeiten radikal verweigern."[19]

Je größer und je kleiner

Vom Genetiker Markus Hengstschläger stammt das Buch „Die Durchschnittsfalle. Gene – Talente – Chancen"[20]. Er führt darin aus: Die Mittelmäßigkeit sei der Liebling der Österreicher. Das führe unser Land in eine evolutionäre Sackgasse. Weiters sagt er: „Der Durchschnitt hat noch nie etwas Innovatives geleistet. Da schwärmt ein Vater: ‚Mein Sohn ist so problemlos, ist noch nie negativ aufgefallen.' Aber auch positives Auffallen ist nicht erwünscht. Das wäre nämlich Stress. Die Gesellschaft arbeitet immer auf den Durchschnitt hin."[21] Wie soll etwa eine Durchschnittsnote entscheiden, ob jemand ein guter Arzt wird?

Der statistische Durchschnitt bringt nicht weiter und ist nicht zukunftstauglich, nicht im Sport, nicht in der Kultur, auch nicht in der Wissenschaft, schon gar nicht in der Wirtschaft und sicher nicht in der Kirche. – Das rechte Maß in der spirituellen Tradition ist gerade nicht das schlechte Mittelmaß. Vielmehr geht es um eine positive Dynamik des Lebens, um eine Logik des guten Wachstums, um eine Geduld des Reifens, aber auch um eine Kommunikation mit den Kleinen und Schwachen.

Beispielhaft möchte ich diese Dynamik an Ignatius von Loyola aufzeigen. Ein Wort fasst ignatianische Spiritualität gut zusammen: „Non coerceri a maximo, tamen contineri a minimo hoc divinum est." – „Nicht begrenzt werden vom Größten und dennoch einbeschlossen im Kleinsten, das ist göttlich."[22] – Nicht von Hochmut ist bei Ignatius oder Friedrich Hölderlin (der diesen Satz seinem Roman „Hyperion"[23] voranstellt) die Rede, sondern von der im Deutschen ganz ähnlich klingenden christlichen Tugend der *Groß*mut. Sie meint eine innere gläubige Haltung, die Gott und seinem Wirken Großes zutraut. Die Seele streckt sich nach Großem aus, rechnet in grenzenlosem Vertrauen mit dem mächtigen Wirken Gottes. Es ist ein Gehaltensein im Kleinsten: Wer nach Großem auslangt, sei gleichzeitig derjenige, dem das Kleinste nicht zu klein ist, um sich darum zu kümmern. Das ist Ausdruck jener geistigen Grundhaltung, jener Spiritualität, welche ob der Größe der gesteckten Ziele das Kleine nicht vergisst.

Ein Schlüsselwort ignatianischer Spiritualität ist das „Mejor", das „Magis", das „Je-Mehr", der Komparativ. Ignatianische Spiritualität steht unter dem Zeichen eines Dynamismus.[24] Ignatius verbindet den Gedanken des Lobes und des Dienstes Gottes in den

„Geistlichen Übungen" (GÜ) mit einem steigernden „Mehr" und redet von „größerem Dienst", „größerem Lobpreis" und „größerer Ehre Gottes" (GÜ 23, 179, 185, 189, 240). Dies entspricht der Erfahrung der zuvorkommenden, unverdienten göttlichen Barmherzigkeit und Liebe, die durch die menschliche Bereitschaft und Antwort nie eingeholt werden kann. Das Je-Mehr besteht auf Seiten des Menschen in einer uneingeschränkten Liebe. Es ist ein qualitatives Mehr: Das intensive Mehr besteht darin, dass der Mensch „mit Großmut und Freigebigkeit gegenüber seinem Schöpfer und Herrn" ihm „sein ganzes Wollen und seine ganze Freiheit anbietet, damit seine göttliche Majestät sowohl seiner Person wie alles dessen, was er hat, sich bediene entsprechend ihrem heiligsten Willen" (GÜ 5). Denn „je mehr sich jemand an Gott unseren Herrn bände und sich freigebiger gegenüber seiner göttlichen Majestät zeigte, desto freigebiger wird er ihn sich gegenüber finden, und er selbst wird desto mehr bereit sein, von Tag zu Tag größere Gnaden und geistliche Gaben zu empfangen."[25]

Das „Mehr" des Menschen als Antwort auf die je größere und je kleinere Liebe Gottes hat aber noch eine wesentliche Dimension: Dieses Mehr besteht darin, dass der Mensch, „um Christus unseren Herrn nachzuahmen und ihm aktualer ähnlich zu sein, mehr mit dem armen Christus Armut will und erwähle als Reichtum, Schmähungen mit dem davon erfüllten Christus mehr als Ehren, und mehr zu wünschen, als nichtig und töricht um Christi willen angesehen zu werden, der als erster dafür gehalten wurde, denn als weise und klug in dieser Welt" (GÜ 167). Ignatius will Jesus gleich werden in Armut und Schmach, insoweit dies zu Gottes größerem Dienst und Lobpreis ist" (GÜ 97–98). Von Seiten des Menschen ist es ein je größeres Loben und Dienen, um Jesus Christus in seiner Liebe je mehr ähnlich zu werden, je mehr zu erkennen und inniger zu lieben, ohne irgendeine Belohnung zu erwarten (GÜ 109, 130, 147).

Mehr oder weniger?

In einem Kindergarten in Bad Ischl haben mir die Kinder von den zwei Bischöfen erzählt, die sie kennen, nämlich vom heiligen Martin und vom heiligen Nikolaus. Mit beiden verbinden wir ja das Teilen, bei Martin das Teilen des Mantels; Nikolaus hat den Kapitän eines Schiffes dazu gebracht, das Korn zu teilen, damit die Kinder und die Erwachsenen nicht verhungern. Er hat dem Kapitän versprochen, dass ihm nichts abgehen wird, wenn er etwas vom Getreide abgibt.

Werden wir durch das Teilen ärmer oder reicher? Wird etwas durch das Teilen weniger oder mehr? Wenn wir die Freude teilen, wird die Freude mehr. Das ist allen Kindern klar. Wenn wir die Zeit miteinander teilen, dann wird sie intensiver. Auch das ist einsichtig. Und was ist mit der Schokolade? Die meisten Kinder meinen schon, dass die Schokolade durch das Teilen weniger wird. Ein Kind im Kindergarten hat gemeint: „Wenn ich die Schokolade nicht teile, dann bekomme ich Bauchweh und Verstopfung!"

Wenn wir kirchlich nicht miteinander die Zeit, die Begabungen, die Talente, die Lasten, das Geld, das Personal, die Räume teilen, dann bekommen wir Bauchweh. Wenn es uns nur noch um Selbstbehauptung, Macht und Durchsetzen unserer eigenen Interessen geht, dann bekommen wir Kopfweh. Wenn wir nicht aufeinander schauen und fragen: Was brauchst du? Was geht dir ab?, dann bleiben wir in der eigenen Blase stecken.

FREIHEIT, SELBSTANNAHME UND SELBSTLOSIGKEIT

Mehr vom Leben haben

„Ich will doch etwas vom Leben haben", hat mir einer gesagt, der nie mit seinen Finanzen auskommt. Mehr vom Leben zu haben, ist mit mehr Geld verbunden. „Ich will endlich leben", so eine Frau, die es in der Ehe und in der Familie nicht mehr aushält und beides als Korsett empfindet: „Ich möchte einmal richtig leben, mich ausleben." Leben wollen die Leute schon. Das Wort „Leben" hat einen guten Klang. Auch vital, biologisch, „Life", „Vita" haben in der Werbung, die ja sehr nahe an den Gefühlen der Leute ist, Konjunktur. Und doch ist es nicht so einfach, das richtige, das gute, das ganze und das volle Leben zu finden und zu leben.

„Fragte einer das Leben tausend Jahre lang: warum lebst du? – es würde antworten, wenn es sprechen könnte: ich lebe darum, dass ich lebe. Das kommt daher, dass das Leben aus seinem eigenen Grund lebt und aus sich selber quillt. Darum lebt es ohne Worumwillen eben darin, dass es sich selbst lebt."[26] Aus den Worten von Meister Eckhart spricht die Sehnsucht nach einem nicht entfremdeten, nicht eindimensionalen, nach dem ursprünglichen Leben, das keine Kopie ist, kein Abklatsch von irgendwas.

Seit Jahrzehnten wird von der Überwindung der Entfremdung, von Selbstfindung, Subjektivität, Freiheit, Identitätsbildung und auch Selbstverwirklichung gesprochen. Die Kehrseite der fixierten Suche nach sich selbst ist die neurotische Flucht vor sich selbst. Wie kaum ein anderer hat Sören Kierkegaard dieses Phänomen beschrieben. Er spricht von der „Krankheit zum Tode". Dieses Wort ist dem Johannesevangelium entnommen. Dort ist von einer Krankheit die Rede, die nicht zum Tode führt (Joh 11,4). Was ist damit gemeint? Dem Menschen steht die Möglichkeit offen, sich grundsätzlich dem Leben zu verweigern und sich so endgültig auf den Tod zu fixieren. Manche machen sich und andere vor lauter Hunger und Durst nach Leben kaputt.

Sünde ist dabei oft ein falsches Ideal vom Ich und vom Leben, ein falscher Daseinsentwurf: Sei es, dass man durch Genuss, Macht, Erkenntnis, Erlebnisse oder Strategien gottgleich sein will; sei es, dass man die eigenen Grenzen nicht anerkennen will oder kann. Sünde ist ja nicht einfach gleich ein Nein zu sich, zum

Leben, zu den anderen, zu Gott, sondern ein Zu-kurz-Greifen von Entwürfen und Gütern im Hinblick auf Sinn. Auch und gerade in der Sünde will sich der Mensch Freude, Glück, Befriedigung, Identität verschaffen. Er will es dabei aber allein, ohne Gnade, ohne andere, ohne Gott, und er will es mit falschen Mitteln. Das Individuum „erfährt den Doppelsinn, der in dem lag, was es tat, nämlich sein Leben sich genommen zu haben; es nahm sich das Leben, aber vielmehr ergriff es damit den Tod"[27] – so Georg Wilhelm Friedrich Hegel. Die Mittel sind nicht in sich schlecht. Sie greifen aber im Hinblick auf den Lebenssinn zu kurz, sie sind zu wenig. Verabsolutiert führen sie zu Destruktion, Identitätsverlust und Zerstörung. „Das Furchtbare ist, dass man sich nie genügend betrinken kann",[28] schreibt der französische Schriftsteller André Gide.

„Das Leben lebt nicht." So setzt Theodor Adorno sein Motto an den Beginn seiner „Minima Moralia". Und: „Es gibt kein richtiges Leben im Falschen."[29] Gibt es ein „richtiges" Leben in bedrückenden Verhältnissen? Kann man gut leben und arbeiten in entfremdenden Systemen und Zwängen? Wichtig ist gegenüber den Idealen der „Wellness" und „Holeness" ein erweiterter Begriff von „Leben", in den sich die Erfahrung von Defiziten integrieren lässt.

Gott ist ein Freund des Lebens. „Du liebst alles, was ist, und verabscheust nichts von dem, was du gemacht hast; [...] Herr, du Freund des Lebens." (Weish 11,24.26)[30] Er ist der, der die Toten lebendig machen kann. Kirche ist ein Ausrufezeichen für das Leben. Sie setzt einen Punkt und macht zugleich ein Fragezeichen, ob das Leben mit alldem schon ausgeschöpft ist, was sich unmittelbar darbietet, oder ob es nicht doch auch erlaubt ist, auf tiefere Dimensionen hinzuweisen und einzugehen. Braucht es in dieser Welt nicht Menschen, die sich weigern, nicht zu hoffen? „Ich bin der Weg und die Wahrheit und das Leben." (Joh 14,6)

Und die Liebe ...

In den vergangenen 50 Jahren wurde die Liebe auf die Couch gelegt, und zwar sowohl die Liebe im Zusammenhang mit Eros und Sexualität als auch die Nächstenliebe, z. B. in der Sozialarbeit. Es war viel die Rede von hilflosen Helfern, von notwendiger Abgrenzung. „Liebe" stand unter dem Verdacht, krank zu sein, und war tatsächlich eine Patientin.

Bereits im 18. Jahrhundert schrieb der schottische Philosoph Adam Smith: „Der Mensch braucht fortwährend die Hilfe seiner Mitmenschen, und er würde diese vergeblich von ihrem Wohlwollen allein erwarten. Er wird viel eher zum Ziele kommen, wenn er ihren Egoismus zu seinen Gunsten interessieren und ihnen zeigen kann, dass sie ihren eigenen Nutzen davon haben, wenn sie für ihn tun, was er von ihnen haben will. Wer einem anderen irgendeinen Handel anträgt, macht ihm einen Vorschlag. Gib mir, was ich will, und du sollst haben, was du willst, ist der Sinn eines jeden solchen Anerbietens; und auf diese Weise erhalten wir voneinander den weitaus größten Teil der guten Dienste, deren wir benötigt sind. Nicht vom Wohlwollen des Fleischers, Brauers oder Bäckers erwarten wir unsere Mahlzeit, sondern von ihrer Bedachtnahme auf ihr eigenes Interesse. Wir wenden uns nicht an ihre Humanität, sondern an ihren Egoismus, und sprechen ihnen nie von unseren Bedürfnissen, sondern von ihren Vorteilen."[31] Ist Eigennutz die Grundlage der Gesellschaft? Adam Smith wollte zeigen, wie der Egoismus des Einzelnen eine notwendige Voraussetzung für den Wohlstand aller ist. Solidarität, Nächstenliebe sind nicht nur Störfaktoren auf dem freien Markt, sondern dort schlechterdings sinnlos.

Der „gesunde Egoismus" ist zu einem Schlagwort geworden, hat aber auch seine Kehrseite: Armut,

Unterentwicklung und Hunger sind oft Ergebnis von Egoismus, der sich – ausgehend vom Herzen des Menschen – in seinem Sozialverhalten, im wirtschaftlichen Austausch, den Marktbedingungen [...] und der Verweigerung des menschlichen Grundrechtes auf Ernährung und Freiheit von Hunger zeigt, so Benedikt XVI. bei einer Ansprache an die Welternährungsorganisation der Vereinten Nationen.[32] Mehr und mehr geht die Fähigkeit verloren, echte Beziehungen einzugehen und sich einem Miteinander zu öffnen. Ein neues Miteinander der Menschen, das sowohl die globalen als auch die persönlichen Probleme vieler Einzelner berücksichtigt, wird von allen Menschen große Lernprozesse erfordern. Zu diesen gehört nicht nur die gegenseitige Achtung und das Wahrnehmen der Bedürfnisse aller, sondern auch Selbstbeschränkung und der Verzicht, damit das Leben wachsen kann.

Jesus Christus ist der „Mensch für andere". Sein Leben ist „Dasein für andere"[33], geprägt von Solidarität und Dienst. Gelungenes menschliches Leben realisiert sich gemäß Jesus in der Schwebe und auch in der dramatischen Spannung zwischen Freiheit, Selbstannahme und Selbstlosigkeit. Selbstverwirklichung, Nächstenliebe und Gottbegegnung sind christlich gesehen sicher unterschieden, aber dennoch ein einziger Vorgang. Die Wahrheit dieses Vorgangs steht und fällt, ob alle drei Aspekte realisiert werden (vgl. Mk 12,28–34; Mt 22,34–40; Lk 10,25–28). Es geht mir besser, wenn ich mich für andere einsetze und dabei auch auf mich selbst achte.

Hingabe in Freiheit

Das „Selbst" kann wie das Glück oder die Anerkennung durch andere nicht produziert oder garantiert werden. Es ist nicht das direkte lineare Ergebnis unserer Interessen und Wahrnehmungen. Selbstverwirklichung ist wesentlich ein Nebenprodukt unserer Aktivitäten. Das Selbst lässt sich nur in einer Art von Selbstvergessenheit erlangen, in der Konzentration auf anderes, in der Hingabe für andere.

„Der eine geht zum Nächsten, weil er sich sucht, und der andere, weil er sich verlieren möchte. Eure schlechte Liebe zu euch selber macht euch aus der Einsamkeit ein Gefängnis."[34] Friedrich Nietzsche entlarvt den falschen und kranken Altruismus: Das Dasein für die anderen entartet zu einem Verzehren und Verbrauchen der anderen für sich selbst. Nach außen hin wird ein scheinbarer Altruismus (für Kinder, Familie, Partei, Gruppe, Kirche) zelebriert. Ein solches Opfer ist aber keine wirkliche Selbstlosigkeit, sondern Instrumentalisierung der anderen. In der scheinbaren Selbstlosigkeit drängt sich der Mensch verkrampft und krankhaft um den Nächsten. Er missbraucht den Nächsten als Exil für das eigene Ich, um der eigenen Einsamkeit zu entkommen. Die Flucht zum Nächsten ist nur die Kehrseite der Leere, der Destruktivität und des Nihilismus.

In Jesus Christus begegnet Gott als einer, der sich wahrhaft und bedingungslos der Schöpfung zuwendet. Der Mensch als Adressat der Selbstmitteilung Gottes wird in diesem Ereignis nicht aufgelöst, sondern kommt zu sich selbst. Gott ist nicht einer, der tötet, um selbst lebendig zu werden, der alles Endliche „vampirhaft" in sich aufsaugt und verschlingt. Es ist dem christlichen Glauben eigen, dass der Mensch sich von Gott unbedingt erwünscht weiß (vgl. 1 Joh 3,1; 2 Kor 1,20). Man darf sich selbst von Gott lieben lassen, befreit aus dem Teufelskreis der Selbstüberhebung und der Selbstverachtung. Der Mensch wird zur Annahme seiner Endlichkeit und Sterblichkeit befreit. So darf das Selbst-Werden nicht als Sünde diffamiert werden. Selbstrealisation der menschlichen Freiheit ist im Spiegel der Gottebenbildlichkeit des Menschen zu deuten.

Wie gutes Leben gelingen kann

Jesus greift in seinen Bildern und Gleichnissen sehr häufig Beispiele aus dem Leben der Natur, aus dem Kreislauf des Jahres und aus der Landwirtschaft auf. Die Schöpfung ist für ihn so etwas wie eine Lehrmeisterin des Lebens, sie zeigt, wie Leben geht, wie gutes Leben gelingen kann. Das Gleichnis vom Weizenkorn ist wie die Eucharistie die Zuspitzung für die enge Verknüpfung von Lebenswelt, Arbeit und Glaube.

„Wenn das Weizenkorn nicht in die Erde fällt und stirbt, bleibt es allein; wenn es aber stirbt, bringt es reiche Frucht." (Joh 12,24) Jesu Menschwerdung, sein Tod und seine Auferstehung zeigen uns, dass das Leben dort gelingt, wo es Gottesbegegnung, Nächstenliebe und Selbstverwirklichung verbindet und in Beziehung stellt.

Selbstlosigkeit im Sinne von Hören und Warten, von Offenheit und Gastfreundschaft, im Sinne von Hingabe, auch im Sinne des versöhnenden Ganges in die Fremde hat von der Schrift her einen eminent positiven Wert. Freilich ist das kein schmerzfreies und harmonisches Pendeln zwischen den Polen. In der Tradition Jesu bedeutet der Tod Leben: „Wer sein Leben liebt, verliert es; wer aber sein Leben in dieser Welt gering achtet, wird es bewahren bis ins ewige Leben" (Joh 12,25), Selbstverleugnung wird zu Selbstgewinn (Mt 16,24–28), in der Armut liegt der Reichtum (2 Kor 8,9) und im Schmerz verbergen sich Gnade und Freude (vgl. die Seligpreisungen, Mt 5,3–12). Dabei geht der Mensch durch die Krisis der Läuterung seiner Motive, Antriebe und Vorurteile; von ihm ist die Bereitschaft zur ständigen „Conversio" gefordert. Die Nachfolge Jesu schließt Wagnis und Dramatik mit ein. Das Selbst kann dabei nicht von einem ewigen und unverwundbaren Kern ausgehen. Jesus ist nicht wie Siegfried aus der Nibelungensage. Seine Liebe lotet die Abgründe des Menschen aus. Gerade in der Gottverlassenheit Jesu am Kreuz (Mk 15,34–37) ereignet sich Gott als Liebe.

Der Weg der christlichen Liebe geht den Weg zum anderen, den Weg der Proexistenz, der Solidarität, des Dienstes, des Verzichts, des Leidens um des Reiches Gottes willen. Nachfolge Jesu lässt Wünsche, Pläne, Ängste und Sorgen, ja sich selbst zurücktreten (Mk 8,34). Gemäß Jesus steht die Selbstlosigkeit aber nicht im Dienst des Nihilismus oder auf der Opferliste eines dämonischen Gottes. Nachfolge Jesu ist kein Moralismus zur Potenz; sie wurzelt in der Freundschaft mit Jesus und in der Faszination am Reich Gottes. Eine solche Liebe, die übersteigt und verschenkt, ist höchstes Engagement von Freiheit und nicht deren Auslöschung.

Selbstannahme und Selbstverwirklichung ist keine idealisierende und harmonische Realisation der Freiheit. Selbstverwirklichung und Selbstlosigkeit sind nicht zwei Teile einer Kugel, die glatt zusammenpassen. Unter den Bedingungen der konkreten Unversöhntheit und auch Fremdheit, unter den Bedingungen der Sünde ist die Vermittlung freilich kein sanftes, konfliktfreies, schmerzfreies Unternehmen. Eine solche Fiktion würde vor der Härte der Realität flüchten und die unterschiedlichen Kräfte wie auch Mängel in sich selbst nicht wahrnehmen. Es wäre naiv, in uns selbst nur den heilen, paradiesischen Kern, nicht aber die dunklen Flecken zu sehen. Die Kartographie der Biographie zeigt ja nicht bloß blühende Gärten, sondern auch karges Land, unbesiedelte Gebiete, Enttäuschung, Aggression und Angst. „Was kann uns scheiden von der Liebe Christi? Bedrängnis oder Not oder Verfolgung, Hunger oder Kälte, Gefahr oder Schwert? [...] All das überwinden wir durch den, der uns geliebt hat." (Röm 8,35.37)

„Der gute Hirt gibt sein Leben hin für die Schafe." (Joh 10,11) Im Unterschied zu den Wölfen und Räubern kommt er, damit die Seinen Leben in Fülle haben. Jesus beutet nicht aus, er ist schon gar kein Tyrann, sondern einer, der ermächtigt, das volle Potential zu entfalten. Der gute Hirt hält die anderen nicht in schlechter Abhängigkeit, sondern befähigt sie zum Hirte-Sein. „Kommt her, mir nach! Ich werde euch zu Menschenfischern machen." (Mt 4,19)

DER VERSUCHUNG WIDERSTEHEN

Geld – Macht – Geil

Man kann das auch so lesen: Geld macht geil.
Geld: Gerecht erworbener Reichtum ist in sich nicht etwas Schlechtes. Aber wenn Reichtum und Ehre zu Werten werden, an denen wir uns festklammern, dann erschweren sie unser Leben und blockieren Beziehungen.

Macht: Auch Macht ist von vornherein nicht negativ, wenn sie dem Wachstum, der Gerechtigkeit und dem Aufbau eines Gemeinwesens dient. Die negative und kritische Einschätzung der Macht und der Mächtigen hängt oft mit massiven Erfahrungen des Missbrauchs von Macht zusammen. Formen dieser Übermacht sind Zwang und Gewalt, wenn der Starke den Schwächeren drückt und erdrückt ohne irgendwelche Beziehungen zu Recht und Güte. Macht in der Form der Gewalt, der Vergewaltigung und des Unrechts führt zur Erstarrung, zur Kälte. Macht kann korrumpieren. Es bleibt aber die Frage, wer denn durch Ächtung oder Kriminalisierung von Macht und Gewalt de facto die Macht zugespielt bekommt. Wo Menschen zusammenkommen und miteinander Gemeinschaft bilden (wollen), gibt es gegenseitige Beeinflussung und auch Macht. Es gibt kein Miteinander ohne Macht, sei sie personal oder auch strukturbedingt.

Geil: Sexualität ist eine Gabe Gottes. Wenn sie aber losgelöst wird von Versprechen und Treue, von Verantwortung und Liebe, dann entfremdet sie. Zum Konsumgut verkürzt, führt sie zum Missbrauch der eigenen und der anderen Person.

Es ist Versuchungen eigen, dass sie mit Geld, mit der Macht oder mit der Sexualität das ganze Glück und Heil versprechen. Die Kehrseite sind Abhängigkeit und Sucht. Wie sieht die Landschaft des süchtigen, abhängigen Weges aus? Es ist die Ausblendung des Negativen. Armut, Mängel und Grenzen, Schmerz, Scheitern, Angst, Leiden, Unberechenbares, das Verwiesensein auf die Gnade anderer können und müssen wegorganisiert werden. Das Schlaraffenland, das Paradies muss jetzt verwirklicht werden. Das totale Glück ist hier und jetzt zu realisieren. Geduld und Zuwarten, Zufriedenheit mit dem Vorläufigen, „vernünftiges" Nachdenken, schmerzhafte, anstrengende und einschränkende Kompromisse werden verweigert. Es bleiben aber Lücken. Und diese Lücken werden mit äußeren Mitteln gefüllt: mit vermehrtem Essen (Völlerei), mit Alkohol, mit Medikamenten oder Drogen. Auch das Anhäufen von Besitz kann zur Sucht werden (Kaufrausch, Habsucht). Immer sind es die Gedanken: „Du hast nicht genug, du musst dich schadlos halten. Du musst mehr arbeiten und Geld verdienen." Dieser Weg der Sucht, der Abhängigkeit und der Fixierung ist gewalttätig gegen sich und gegen andere: Leibliche und psychische Krankheiten und der soziale Ruin sind nicht selten die Folge. Wer nicht verzichten kann, zerstört das eigene Leben und das Leben anderer. Und es muss bewusst sein: Sucht ist nach einiger Zeit nicht mehr selbst behandelbar und erfordert externe Hilfe.

Wenn Jesus der Versuchung widersteht, dann geht es um die innere Freiheit. Wo ein Mensch an etwas klebt – an Dingen, an Menschen, an sich selbst –, kann er sich nicht frei dem Geist Gottes überlassen.

Jesus zeigt bei der Versuchung durch den Teufel (Lk 4,1–13) ein Gespür für die „Unterscheidung der Geister": Dabei geht es um die Frage, welche Suche bzw. Sehnsucht auf den Weg des Lebens führen und welche zur Sucht, zur Flucht vor dem Leben und zur Zerstörung verleiten. Jesus blickt hinter die Masken der Propaganda, hinter die Rhetorik der

Verführung, er schaut auf den Schwanz von Entwicklungen. Bei der Methodik der „Unterscheidung der Geister" geht es um ein Zu-Ende-Denken und Zu-Ende-Fühlen von Antrieben, Motiven, Kräften, Strömungen, Tendenzen und möglichen Entscheidungen im individuellen, aber auch im politischen Bereich. Entscheidend ist die Frage, was auf Dauer zu mehr Trost, d. h. zu einem Zuwachs an Glaube, Hoffnung und Liebe führt.

Und die Versuchung stellt Jesus radikal vor die Frage: Vor wem gehst du in die Knie? Vor Gott oder vor Götzen? Es ist dem Menschen versagt, sich mit irgendetwas zufrieden zu geben, sich irgendwo zu verschanzen, das weniger ist als Gott. Weder Arbeit noch Beruf, weder Ehe noch Familie, auch nicht Macht, Ehre, Geld, Anerkennung und vieles andere mehr sind genug. Gott allein genügt. So schreibt die Kirchenlehrerin und Mystikerin Teresa von Avila: „Nichts soll dich ängstigen, nichts dich erschrecken. Alles vergeht, Gott bleibt derselbe. Geduld erreicht alles. Wer Gott besitzt, dem kann nichts fehlen. Gott allein genügt."

Vom Wesen der Versuchung

Große Mühe wird darauf verwendet, das Gute herabzusetzen, es als in der Wirklichkeit minderwertig zu entlarven, seine Mängel aufzudecken, hämisch zu kritisieren, bis kein gutes Haar mehr daran ist. Das Böse ist ein Gutes am falschen Platz: So soll durch Endlösungen, durch die Vernichtung der Feinde eine bessere, heilere, gerechtere Welt geschaffen werden. Von der Demütigung und Erniedrigung der Feinde verspricht man sich Lust. Rache soll die eigene Würde wiederherstellen. Die Macht, anderen Leiden zuzufügen, gibt zunächst ein Gefühl von Hoheit, Stärke und Macht, Kraft und Mut. Grausamkeit kann bei einem gewissen Sadismus zum Lustgewinn werden: Es geht mir gut, wenn es anderen schlecht geht. Das Böse verspricht die Gottähnlichkeit. Das Böse ist immer scheinbar glücksfördernd, sonst würde es nicht getan. In Wahrheit ist es das Glückswidrige.

Von dieser Strategie des Bösen her haben Sünde und Sucht einiges gemeinsam: Der erste Schritt ist freiwillig, alles andere ist Sklaverei und Tyrannis. Der Sündige und der Süchtige sind Getriebene und dennoch selbst verantwortlich. Sünde und Sucht richten sich an Instinkte der Vitalität und des Begehrens. Es geht um das Recht zu leben, um das Recht auf Genuss. Die Vitalinstinkte haben alle mit Lust zu tun. Sünde und Sucht ist eigen, dass sie das schnelle und leichte Glück verheißen, dann aber Betrug und Scheinglück beinhalten. In der Landschaft des Süchtigen darf das Negative wie Schmerz, Angst oder Warten nicht zum Leben gehören. Umwege müssen begradigt werden. Nur das schnelle Glück zählt. Es soll sofort und vollständig realisiert werden. Der Kontakt zu Dingen und Menschen wird klebrig, fixiert und abhängig. Dieser Weg ist jedoch gewalttätig gegen sich und andere.

Sünde und Sucht stärken den Prozess des Verfalls und Bewirken den Tod. Sie enthalten ein falsches und pervertiertes Selbst-, Welt- und Gottesverständnis. Sie entspringen ungeordneten Anhänglichkeiten an endliche Werte und an sich selbst. Der andere wird als verfügbares Es, nicht mehr als unverfügbares Du gesehen. Sie werfen den Menschen auf sich selbst zurück und zerstören Kommunikation. Das Böse ist dabei nicht z. B. in der Sinnlichkeit, im Selbstwertgefühl, im Besitz, im Essen oder Trinken, in zwischenmenschlichen Beziehungen, im Geliebtwerden, in der Lust an sich zu suchen. Böse wird das alles durch das Unmaß, durch die Unfreiheit und durch die destruktiven Folgen der Fixierung und Sucht.

Das Leben ordnen

Um Versuchungen widerstehen zu können, empfiehlt Ignatius von Loyola in seinen „Geistlichen Übungen" (auch: Exerzitien) ein geordnetes Leben. Ohne Natur und Gnade gegeneinander auszuspielen, weiß er, wie wichtig die leibliche Komponente für das Leben ist, wie hilfreich zeitliche Ordnung und das Setzen von Prioritäten sind. Sicher ist eine Übung noch kein Gebet, sicher ist Askese nur eine Stufe vor der sogenannten „zweiten Bekehrung", auf die eine umfassende christliche Lebensführung folgt. Gelingen wird immer Gnade sein.

Ordnung ist bei Ignatius umfassend zu verstehen: Es geht um eine theologische Ordnung, d. h. um das Gottsein Gottes und um die Geschöpflichkeit des Menschen und aller anderen Wirklichkeit (GÜ 23). Die Exerzitien zeigen einen Weg auf, der von allem Weltlichen, das fixiert und süchtig machen kann, befreit – wie das Streben nach Macht, Ruhm und Besitz oder bestimmte Gedanken und Gefühle.

In den Exerzitien stehen z. B. „Regeln, um sich künftighin beim Essen zu ordnen" (GÜ 210–217; 83). Auch die Schlafgewohnheiten werden angesprochen (GÜ 84). Ignatius ist dabei kein übertriebener Asket. Es geht wie schon in der benediktinischen Tradition um das rechte Maß. Dieses rechte Maß ist gerade bei Versuchungen zu leiblichen Süchten wie Völlerei oder Trunksucht wichtig.

Der Tag ist geprägt durch Zeiten der besonderen Aufmerksamkeit (GÜ 24–26). Diese umfasst drei Zeiten und ein zweimaliges Sich-Erforschen. Ein geregelter Alltag ist gegenüber Versuchungen der Akedia, der Trägheit, oder auch des Stolzes wichtig. In Zeiten der Trostlosigkeit soll keine Änderung der Alltagsordnung und des geistlichen Rhythmus vorgenommen werden (GÜ 318).

Schließlich geht es auch um die Ordnung der Gedanken, Worte und Werke (GÜ 33–42). Es ist nicht förderlich, ständig negativen Gedanken und Gefühlen anzuhängen. Zur Ordnung des Lebens und damit zur Widerstandskraft gegen das Böse gehört in diesem Kontext auch die Bildung von ethischen Werten und Überzeugungen. Bei einer Verwahrlosung des Denkens, bei einer totalen Vergleichgültigung aller Werte und Unwerte, bei einer sittlichen Promiskuität wird das Böse unvermeidlich. Wo keine ethischen Werte mehr zustande kommen, werden Barbarei (wie Auschwitz), Unrecht und Gewalt achselzuckend zur Kenntnis genommen.

Vernünftige Lebensregeln und ethische Überzeugungen stärken die Widerstandskraft gegenüber Versuchungen. Ein Alkoholiker sollte den Schlüssel zum Weinkeller nicht immer in greifbarer Nähe haben. Wer ausreichend schläft und sich auch bei der Arbeit nicht ständig überfordert, wird vermutlich weniger gereizt sein. Ohne ein gewisses Maß an Askese, an Selbstbeherrschung, ohne Beschränkung von Bedürfnissen und Wünschen ist weder eine Rücksicht auf das eigene Wohl noch auf die Rechte anderer möglich. Ohne eine der Fassungskraft angemessene Herzens- und Geistesbildung sei, so der Psychotherapeut Albert Görres, die Bewältigung des Bösen nicht zu haben.

Von entscheidender Bedeutung ist die Fähigkeit, Optionen und Prioritäten zu setzen. Ohne diese Fähigkeit wird sich jede Arbeit in Sachzwängen auflösen. Sie verliert ihr Profil, ihre innere Dynamik und Ausrichtung. Leitungsaufgaben und soziale Berufe können ohne klares Ja und Nein nicht überleben. Indirekt wird ein Getriebensein ohne Ordnung zur

Verweigerung gegenüber bestimmten Menschen. Eine Hilfe für das Setzen und Leben von Prioritäten kann eine Liste der eigenen Tätigkeiten sein. Zuerst erstelle ich eine Rangfolge meiner Tätigkeiten und Aufgaben nach der eigenen Meinung, dann nach der Meinung der anderen. Im Hinblick auf den Zeitaufwand kann ich dann fragen: Wieviel Zeit wurde bisher für eine Tätigkeit aufgewendet? Wieviel wäre notwendig bzw. ideal. Wie soll es künftig sein und welche Umstrukturierungen sind notwendig, um das zu erreichen?

Optionen und Prioritäten, Ja und Nein sind nicht einfach statisch festzulegen. Ihre konkrete Verwirklichung ist verwoben in die Geschichte der eigenen Erziehung, der eigenen Erfahrung. Da darf es Versuche, Irrtümer, Scheitern und Aufstehen, Misslingen und Gelingen geben. Oft zeigt sich das rechte Ja oder auch der notwendige Widerstand erst im Rückblick.

Der Jesuit Franz Jalics nennt eine Liste von Prioritäten:

1. ausreichend Schlaf,
2. Körper, Bewegung – besonders für jene, die einen sitzenden und mehr denkenden Beruf haben,
3. Gebet,

4. Zeit für die Gemeinschaft, in der ich lebe,
5. Arbeit.[35]

Jede Liste wird ganz individuell sein und doch ist jede ein Ordnungsinstrument, das das Mehr des eigenen Lebens durch bewusste Priorisierung und Fokussierung fördert.

VERGEBUNG VON HERZEN

Der Kindertraum
vom Frieden

„Verzeihen ist die Antwort auf den Kindertraum vom Wunder, wodurch das Zerschlagene heil wird und das Schmutzige rein. In einem solchen Sinn bedürfen wir der Verzeihung und müssen sie geben. Im Erleben Gottes steht nichts zwischen ihm und uns, es *wird* uns verziehen. Aber wir können ihn nicht erleben, wenn irgendetwas zwischen uns und anderen stehen darf."[36] Diese Worte finden wir im Jahre 1959 im Tagebuch von Dag Hammarskjöld, dem damaligen UNO-Generalsekretär. Dag Hammarskjöld, geboren 1905, Generalsekretär der Vereinten Nationen von 1953–1961, kam bei einem Flugzeugabsturz über dem Kongo am 17. September 1961 ums Leben. In Nachrufen wurde er als bedeutendster politischer Aktivposten der damaligen Zeit, als Friedensstifter, als verhandlungsstarker Politiker und als intellektueller Märtyrer gewürdigt. Durch ihn wurde die UNO zu einem friedensstiftenden Instrument. Der Friedensnobelpreis wurde ihm auf den Sarg gelegt. Die

Veröffentlichung der Tagebücher („Wägmarken") zeigte einen Kontrapunkt zum aktiven Politiker. Das Tagebuch ist für Hammarskjöld selbst „eine Art Weißbuch meiner Verhandlungen mit mir selbst und mit Gott".

Der Friedensstifter trägt am Schmerz der Einsamkeit, die einmündet in die Zwiesprache mit Gott. In der Einsamkeit und in der Innerlichkeit wächst ihm die Kraft für die Politik des Friedens zu: „Je treulicher du nach innen lauschst, umso besser wirst du hören, was um dich ertönt. Nur wer hört, kann sprechen."[37] Die Kraft der Stille und der Einsamkeit wird zur Kommunion und Kommunikation. So bleibt er im höchsten Einsatz, im Friedensengagement in den Krisen (Suezkrise, Ungarnaufstand, Laos, Südafrika, Kongo) ein Empfangender, ein Vernehmender und Hörender. Die Läuterung des Subjektes von eigenen Interessen und Vorurteilen ist Voraussetzung für den Dialog, die Einübung in Aufmerksamkeit für Friedensstiftung. Der Friede der Seele ist Voraussetzung dafür, dass er weltpolitisch tätig sein kann. Alles dreht sich für den Politiker darum, Vergebung zu lernen. Denn ohne die gibt es keinen Frieden und ohne den Frieden kein wirkliches Leben. „Es gibt keine Geschichte der Seele, keinen Frieden als den der

Seele."[38] Und wir alle, meint Hammarskjöld, haben den Kindertraum vom Frieden in uns: das Wunder, dass doch wieder heil werde, was in die Brüche gegangen ist oder was kaputt gemacht wurde. Ebenso möge doch, was dreckig ist, wieder rein werden. Warum auch sonst sagen die Eltern ihrem Kind, das auf die Nase geflogen ist: „Es wird alles wieder gut". Das ist ein höchst schöpferisches Wort.

Bei Dag Hammarskjöld hat das Verzeihen eine schöpferische Macht analog zur schöpferischen Macht Gottes: „So wird die Welt jeden Morgen neu geschaffen, *verziehen* – in dir, von dir."[39] Zu Ostern 1960 schreibt er in den „Wägmarken": „Die Vergebung zerbricht die Ursachenkette dadurch, dass der, der – aus Liebe – ‚vergibt', die Verantwortung auf sich nimmt für die Folgen dessen, was du tatest. Sie bedeutet daher immer Opfer. Der Preis für deine eigene Befreiung durch eines anderen Opfer ist, dass du selber fähig bist, auf die gleiche Weise zu befreien, ungeachtet des Einsatzes."[40]

Genau dafür war Hammarskjöld unterwegs, dass endlich alles wieder gut wird in einer friedlosen Welt. Je größer dabei die Widerstände waren, desto entschiedener hielt der Friedenspolitiker an seiner Überzeugung fest: der Schlüssel zum Menschheitstraum namens Frieden heißt Vergebung – und die ist, wo sie gelingt, immer etwas Wunderbares. Zu groß ist das Konfliktpotential, zu massiv die Krisen und vor allem die Angst vor dem ersten Schritt auf den anderen zu. Wer dächte da gegenwärtig nicht an die Misere in der Ukraine und in Russland oder im Nahen Osten!

Aber vergessen wir den Kleinkrieg in Beziehungen und oft auch am Arbeitsplatz nicht. Vergessen wir auch die inneren Kriegsschauplätze nicht, wo Menschen ständig im Clinch sind mit sich selbst, unzufrieden und hadernd. „In einem solchen Sinn bedürfen wir der Verzeihung und müssen sie geben", heißt es weiter im Tagebuch: „Sich selbst verzeihen? – Nein, das geht nicht: uns muss *verziehen werden*. Aber wir können an Verzeihung nur glauben, wenn wir selber verzeihen."[41] Es herrscht also, will Hammarskjöld sagen, ein tiefer Zusammenhang zwischen der Bereitschaft, anderen zu verzeihen, und selbst um Vergebung bitten zu können. Wie könnte ich auch von anderen erwarten wollen, was ich selbst nicht gebe? Aber beides lässt sich nicht einfach machen oder gar erzwingen: Es wird uns ermöglicht, ja geschenkt, wenn wir uns dafür öffnen und öffnen lassen. Spätestens da kommt das Geheimnis Gottes ins Spiel, der die Vergebung selbst ist und sie schenkt, wo man ihn darum bittet. Gottes Vergebung wird konkret im Mut, einander zu verzeihen und sich mit sich selbst versöhnen zu lassen. Nur so erfüllt sich der Kindertraum vom Welt- und Seelenfrieden.

Das Wunder der Vergebung

„,Du hast Probleme mit dieser Person? Schließ Frieden!', ‚Bei dir zu Hause? Schließ Frieden!', ‚In deiner Gemeinschaft? Schließ Frieden!', ‚An deinem Arbeitsplatz? Schließ Frieden!'"[42] Werke des Friedens und der Versöhnung sind kleine Gesten von großem Wert: „Sie können Samen sein, die Hoffnung schenken, sie können Wege und Perspektiven des Friedens eröffnen." – Papst Franziskus ruft zu einer Bekehrung des Herzens auf. Diese folgt nicht einer Logik der Rache und des Heimzahlens, sondern der Vergebung und Versöhnung. – Wer Vergebung erzwingen will, tut ein weiteres Mal Unrecht. Vergebung lässt sich *nicht erzwingen*. Das genau unterscheidet sie von der Entschuldigung. Entschuldigen kann heißen: „Du konntest wohl nicht anders handeln. Was du getan hast, kann jedem passieren." Vergeben dagegen heißt: „Ja, du hast das wirklich getan. Du hast einen Schaden angerichtet, der nicht mehr gutzumachen ist. Du bist schuldig. Aber ich nagle dich nicht darauf fest. Ich sehe, dass du noch mehr und anderes bist als deine Tat. Ich will auf deine Bitte eingehen und vergessen, was hinter uns liegt, und den Blick nach vorne richten."

Wer sich korrekt entschuldigt, hat auch ein Recht darauf, dass die Sache damit erledigt ist. Wer dagegen so schwer schuldig geworden ist, dass er um Vergebung bitten muss, hat kein einklagbares Recht darauf, dass ihm Vergebung zuteilwird. Er muss damit rechnen, dass nicht mehr einfach alles werden kann, wie es vorher war. Schwere Schuld gegenüber dem anderen bedeutet, dass die Beziehung zu ihm lebensgefährlich bedroht ist. Wenn sie noch einmal zum Leben erwachen darf, ist dies ein *Geschenk* wie das Leben selbst. Nicht nur für den, der die Vergebung empfängt, sondern auch für den, der sie gewährt. Darum gehören zur Versöhnung immer zwei, und beide bedürfen einander: Entzieht sich einer, so bleibt dem anderen nur die Trauer und die Not, allein damit fertig zu werden. Darum kann gerade an der zwischenmenschlichen Vergebung deutlich werden, dass sie, wo sie überhaupt gelingt, als ein „Wunder" gelten muss, das letztlich Gott unter uns wirkt.

Vergeben ist „verrückt" – wie der französische Philosoph Jacques Derrida in seinem Aufsatz „Jahrhundert der Vergebung" schreibt: „Wenn ich nur vergebe, was lässlich ist, das heißt entschuldbar, verzeihlich, ein geringer Verstoß, eine begrenzte und messbare Schuld in einer begrenzten Angelegenheit, dann vergebe ich nichts. [...] Man muss [...] von der Tatsache ausgehen, dass es [...] Unverzeihbares gibt. Ist es nicht eigentlich das einzige, was es zu verzeihen gibt? Das einzige, was nach Verzeihung ruft? [...] Das Vergeben verzeiht nur das Unverzeihbare. [...] Es kann nur möglich werden, wenn es Unmögliches tut. [...] Das Vergeben ist also verrückt, es muss sich, aber hellsichtig, in die Nacht des Unverständlichen versenken."[43]

Drei „Wegweiser" zur Vergebung[44]

Die Wunden zeigen

Der Künstler Joseph Beuys hat vor etlichen Jahren mitten in München in einem Fußgängertunnel folgende Szene installiert: Vor einer Betonwand in fahlem Neonlicht stehen zwei Leichenbahren aus der Pathologie, darunter zwei Kästen mit geknetetem

Fett und je einem Fieberthermometer. Über den Bahren sind zwei Kästen mit Reagenzgläsern angebracht. An der Wand hängen zwei Tafeln mit der Aufschrift: „Zeige deine Wunde!" – Wie sehen günstige Bedingungen zur Heilung von Wunden aus? Eine äußere Wunde muss bluten können und es muss Luft an sie herankommen.

Auch seelische Verletzungen heilen nur, wenn wir sie nicht allzu schnell zupflastern. Wenn der Schmerz und Kränkungsgefühle wie Wut, Scham oder Angst ans Licht kommen dürfen. Hilfreich ist es, bei einer solchen „inneren Reise" mit jemandem im Gespräch zu sein, mit dem sich offen und ungeschminkt reden lässt. Denn wenn wir uns einem Mitmenschen in unserer Not unverstellt zeigen, dann können auch wir selbst diese schwierige Wirklichkeit in uns leichter anschauen. Darüber hinaus weitet ein gutes Gespräch den eigenen Blick und eröffnet neue Perspektiven. Wer eine realistischere Sicht vom anderen und von sich selbst und den eigenen Anteilen am Konflikt gewinnt, kann die erlittene Verletzung leichter verarbeiten.

Vergangenes verabschieden

Doch Vergeben ist keine automatische Konsequenz einer solchen emotionalen und gedanklichen Auseinandersetzung. Vielmehr stehen wir irgendwann vor der Frage: Will ich dem anderen vergeben oder will ich ihm sein verletzendes Verhalten weiterhin nachtragen? Möchte ich mich endlos im Kreisverkehr von Rachephantasien und Schuldzuweisungen drehen oder will ich die Sache „gut sein" lassen? Diese Entscheidung ist von weitreichender Bedeutung. Denn solange wir uns innerlich nicht aussöhnen, bleiben wir an den Menschen fixiert, die uns verletzt haben.

Im Unterschied dazu bedeutet Vergeben: Ich höre auf, auf eine bessere Vergangenheit zu hoffen. Ich eröffne mir und dem anderen eine Zukunft, die nicht mehr unter dem Diktat des Gewesenen steht. Es braucht Kraft und Mut, um vergeben zu können, und umgekehrt stärkt Verzeihen zugleich das Selbstvertrauen und die Selbstverantwortung.

Vergebung geschehen lassen

Vergeben zu können, fällt uns nicht einfach in den Schoß, sondern es braucht das geduldige Arbeiten an Erinnerungen und Gefühlen. Auf dem Weg der Aussöhnung ist aber nicht nur unser Wille gefordert, sondern auch unsere Bereitschaft, Versöhnung geschehen zu lassen. Wenn wir uns bis zu einem bestimmten Punkt um Vergebung bemüht haben, dann kann diese wie eine Frucht in uns heranreifen, bis wir sie eines Tages – hoffentlich – in uns selbst vorfinden.

Der Wunsch, zu vergeben, fordert uns heraus, dass wir uns in Vertrauen und Hoffnung Gott überlassen: dem Vertrauen, dass ich nicht alles in der Hand haben muss, sondern von der Hand eines anderen gehalten bin; der Hoffnung, dass dort, wo ich nicht weiterkomme, Gott noch lange nicht am Ende ist.

DIE WÜSTE ALS SPIRITUELLER ORT

Wüste als Ort des Todes und des Lebens

Es gibt so etwas wie eine biblische Geografie: das Paradies, die Gärten, die Landschaft, die Berge, die Wüsten, die Wälder, das Wasser, der See … Alle diese Orte haben ihre Botschaft, Dinge ihre Kraft, Elemente ihr Kraftfeld, Räume ihre geistliche Atmosphäre, auch wenn das physikalisch nicht messbar ist. Gott gibt Raum und hat die Zeit erschaffen. Wir dürfen die Länge und Breite, die Höhe und Weite, die Tiefe und den Horizont einer Landschaft ermessen, die Wärme oder die Kühle des Windes oder des Sees erspüren und Elemente wie Steine oder das Wasser berühren.

Die *Wüste* ist nicht bloß eine geografische Landschaft, sie steht auch für eine ökologische, existenzielle, soziale, wirtschaftliche, ethische und spirituelle Wirklichkeit. In der Wüste geht es auch um die Gottesfrage. Die Schöpfung ist der Leib Gottes, sie ist Ausdruck Gottes[45], Gott ist in der Schöpfung. Biblisch ist der Gott unserer Hoffnung (Röm 15,13) auch der Gott Abrahams, Isaaks und Jakobs (Ex 3,6; Mt 22,32), der „Himmel und Erde erschaffen hat" (Ps 121,2).[46]

Die Wüste ist eine Denklandschaft, aber auch eine Gefühlslandschaft mit greller Sonne und Dunkel, Hitze und Kälte, mit Trübheiten, langen trostlosen Ebenen, aber auch mit weichen Tönen, Eleganz, Charme und erotischen Rundungen. Sie führt an steile Aufstiege und gefährliche Abhänge. Sie kennt die Weite, die aus der Ebene herausführt, und eröffnet Horizonte und Perspektiven. Sie fährt aber auch in Weiten, die trostlos sind, Ebenen, die keine Konturen und keine Orientierung mehr kennen, wo alles eingeebnet, gleich gewalzt ist. Geistliches Leben findet in der Wüste seine Ausdrucksformen: Leere, Chaos, Trübseligkeit, Akedia (Trägheit), Armut, Weiselosigkeit (Meister Eckhart), Gelassenheit, Kargheit, Schweigen. Sie ist ödes Land, un-erfahrbar, un-gehbar, un-lebbar. Sie führt in das größere Geheimnis Gottes, der sich auf kein Bild festlegen lässt. Die Wüste ist ver-wüstete, verkarstete Landschaft des Todes, in der nichts mehr wächst, nichts mehr Wurzeln schlagen kann, aber auch Ort der Freiheit. Sie ist Ausweg (Exodus) aus Manipulation und Heteronomie (Fremdbestimmung). Sie läutert, zeigt Vorurteile, Ideologien und Verblendungen auf. In der Wüste folgen Trost und Trostlosigkeit aufeinander, kaputte Landschaften und Traumlandschaften. Beide Seiten brauchen einander, um zur Erfahrung, zur Geltung zu kommen. Die Landschaft spiegelt die weichliche, zerfurchte, entwurzelte, seelenlose, aber auch die spannungsgeladene, aufmerksame, farbige, sich aufschwingende, lichtvolle Seele wider.

Gerade in Erfahrungen der Wüste gilt es, eine Berufung, einen neuen Auftrag wahrzunehmen (vgl. Prophet Elija in 1 Kön 19). Erst wenn ich mich angesichts des Nichts, der Leere, des Umsonst, der Trockenheit, des Ausfalls von Gegenseitigkeit für einen Menschen, für eine Aufgabe, für Gott entscheide, erst dann ist die existenzielle Basis, die Grundlosigkeit Gottes erreicht. Die Wüste ist Ort der Entscheidung zwischen Gott und Götze, Freiheit oder Regression, Lauterkeit oder Naschen, Manna oder ägyptischen Fleischtöpfen, zwischen der unendlichen Leere der Sehnsucht oder den Schmeicheleien des Augenblicks, zwischen dem Heiligen Geist oder Dämonen, zwischen Realität oder Träumereien.

Die Wüste beantwortet keine Fragen, sie fordert zum Bestehen, zum Aushalten, zum Verweilen, zur Beharrlichkeit und zum Bleiben heraus. Sie stellt Fragen nach den Quellen des Lebens, nach dem Orientierungssinn, aber auch nach Abhängigkeiten und Klebrigkeiten. Sie lockt in die Einsamkeit, in die Intimität der Beziehung, in die ausgesetzte, ungeschützte Transparenz vor Gott. Sie verführt, die Leere durch Beschäftigungen, goldene Kälber zu füllen. Ihre dämonische Kehrseite ist der Exodus ohne Bleibe, eine vagabundierende Existenz ohne Lebensfreude und ohne Gastfreundschaft.

Gott ist wie Brot für den Hunger in der Wüste, wie Wasser für den Durst, wie eine Berührung in der Leblosigkeit, wie Licht im Dunkel, wie Feuer in der Kälte, wie ein Stern in der Orientierungslosigkeit, wie die Weite in der Enge der Angst, wie eine offene Tür in der Verschlossenheit. Gott ist aber nicht einfach Mittel zum Zweck, Material unserer (Selbst-)Befriedigung. Die Sehnsucht nach ihm darf nicht einbahnig werden. Sie muss sich umpolen lassen in die Bereitschaft, sich von Gott suchen und finden zu lassen.

„Er führte sein Volk hinaus wie Schafe, leitete sie wie eine Herde durch die Wüste. Er führte sie sicher, sie mussten nichts fürchten [...]." (Ps 78,52–53) Das Bild von der Führung Israels durch Gott als Hirte seines Volkes gilt gerade für die Wüstenzeit. Wüste ist aufs engste verknüpft mit Befreiung und Freiheit: Sie assoziiert Loskommen von Sklaverei, Bedrängnis und Verfolgung auf der einen und Offenheit für Gottes Liebe und Fürsorge auf der anderen Seite. Jahwe als Wüstengott ist einer, der vor seinem Volk herzieht. Er ist einer, der nicht nur, aber auch in der Wüste, in der Einsamkeit und in den Nächten gesucht werden will, einer, der Freiheit fordert und fördert. Er transzendiert die Stadt, die politische Macht, die Fruchtbarkeit, den Krieg, die Gestirne. Die Beziehung zu ihm geht nicht in der Vermittlung auf und kann auch nicht von der Vermittlung total besetzt werden. Und die Wüste, das „Nichts" der Mystiker, ist der Ort der Intimität zwischen Jahwe und seinem Volk, zwischen Gott und Mensch. Wüstenzeit ist „Brautzeit"!

Raum der Freude und Dankbarkeit

„Und sogleich trieb der Geist Jesus in die Wüste." (Mk 1,12) Wenn der Geist Gottes Jesus in die Wüste führt, dann steht das in der Perspektive der Verheißung des messianischen Heils: „Jubeln werden die Wüste und das trockene Land, jauchzen wird die Steppe und blühen wie die Lilie. Sie wird prächtig blühen und sie wird jauchzen, ja jauchzen und frohlocken. [...] Seht, euer Gott!" (Jes 35,1–2.4)

„Fürchte dich nicht / es blüht / hinter uns her."[47] – So lautet ein Wort der Dichterin Hilde Domin.

Jesu Hinterlassenschaft ist Friede, weil er das Karussell der Gewalt, der Aggression, der Verachtung und des Krieges unterbrochen und Entfeindung und Versöhnungsbereitschaft gelebt hat. Es blüht hinter Jesus her, weil er einen Raum der Freude, des Lebens und der Dankbarkeit hinterlässt, nicht des Neides, des Ressentiments, des Zu-kurz-gekommen-Seins. Undankbarkeit und Vergessen sind in der Heiligen Schrift die große Sünde der „Heiden". Sie verfinstern das Herz (Röm 1,21). Deswegen sagt der Psalmist: „Preise den HERRN, meine Seele, und vergiss nicht, was er dir Gutes getan hat!" (Ps 103,2)

Dankbarkeit hat eine befreiende Wirkung. Sie befreit von selbstbezogener Enge und Ängsten; sie öffnet den Blick auf andere. Denn wer „unfähig ist zur Dankbarkeit, ist kein Mensch"[48]. Dankbarkeit blickt nie bloß zurück, sondern bewährt sich im Vorausblick. Dankbarkeit auf Zukunft gerichtet ist Hoffnung. Oder im Gegensinn: Hoffnungslosigkeit, Zynismus, Resignation ist Undankbarkeit. – Es blüht hinter Jesus her, weil er nicht Zynismus oder Verachtung ausstrahlte, sondern Ehrfurcht vor der Würde gerade auch der anderen und Fremden.

ERWACHSEN GLAUBEN

Angst und Misstrauen

„Der Glaube macht von innen her froh",[49] formulierte Papst Benedikt XVI. in einer Ansprache 2011. Diese Erfahrung will die Kirche vermitteln und doch wurde das auch anders erlebt: Glaube und Kirche waren nicht selten durch Angst besetzt. Glaube war vielfach geprägt von Pflicht und von einem schlechten Gewissen. Nicht wenige deuten die letzten 50 Jahre als einen Weg der Befreiung von der Angst.

Manchmal habe ich freilich den Eindruck, dass die Angst nur durch den Druck ersetzt wurde, durch den unheimlichen Druck, den wir uns selbst machen und den wir auf andere ausüben, sei es in der Arbeit, aber auch im Bereich der Sexualität und der Beziehung. Konkurrenz, Rivalität und Leistungsdruck sind ja nur die Kehrseite dessen, dass man zu kurz gekommen ist, und der Angst, zu wenig zu haben und zu wenig zu bekommen: zu wenig Liebe, zu wenig Wertschätzung. Auch die fortschreitende Verrechtlichung aller Lebenswelten, Sicherheitsdenken und Bürokratie haben sehr viel mit Ängsten zu tun.

Was stellen Ängste mit uns an? „Die Angst ist es, die böse macht, und das Böse ist es, das Angst macht",[50] schreibt der Psychoanalytiker Eugen Drewermann. Es gibt eine Angst vor sich selbst: „Heute Abend besuch ich mich; ich bin gespannt, ob ich daheim bin", so Karl Valentin. Es ist die Angst vor der eigenen Wahrheit da, sich selbst in einem Spiegel ohne Maske zu sehen. Es gibt die Angst vor der Einsamkeit, weil in ihr auch die Schattenseite des Lebens, die eigene Feigheit und Brutalität, hochkommen könnte. Diese Angst ist zugleich eine Angst vor der Eigenständigkeit, eine Angst vor der Selbstwerdung. Man könnte sich womöglich nicht mehr auf andere ausreden und steht dann sehr allein da mit seinen Entscheidungen und Auffassungen.

Nach dem Psychologen Fritz Riemann[51] steckt diese Angst vor dem Subjektsein in depressiven Keimsituationen. Sie äußert sich in früher Resignation. Man versucht es erst gar nicht, weil ja doch alles aussichtslos und hoffnungslos ist. Im Alltag zeigt sich diese Angst im Nicht-Fragen, Nicht-Fordern, Nicht-Zugreifen, Nicht-Nein-sagen-Können, was immer wieder den Ansatz für weitere Hemmungen abgibt. Es entsteht zudem eine unbewusste Tendenz, sich überfordern zu lassen.

Es gibt auch eine Angst vor der Begegnung, vor der Hingabe, vor einer Bindung. Eher schizoide Ansätze zeigen sich nach Riemanns Persönlichkeitstypologie in der Angst vor Nähe und Hingabe. So genannte Schizoide können sich viel leichter aggressiv, negativ und kritisch äußern und verhalten als bejahend und annehmend. Ein inadäquates Misstrauen könne zur wachsenden und bleibenden Distanz zur Realität führen. In Ansätzen hysterische Charaktere haben Angst vor der Bindung und der Dauer. Sie neigen dazu, den eigenen Schatten auf andere zu projizieren, anderen die Schuld zu geben. Solche Menschen wollen meist zu viel und vergessen bzw. verdrängen leicht das Unangenehme und Störende. Sie sehen das Wunschziel, ohne die Schritte, die zur Verwirklichung führen, einzubeziehen. Die Versprechungen haben keinen Unterbau. Letztlich bleibt immer ein Hintertürchen offen.

Schließlich kann es auch die Angst vor einer Veränderung, vor der Verwandlung geben. Ein krampfhaftes Festhalten am lieb gewordenen kleinen Ich wehrt sich, dass da etwas zurechtgerichtet, zusammengestutzt und neu entfaltet werden soll. Es steckt eine Werdescheu, ein Todestrieb dahinter, wenn das Herz an Versteinerungen hängt. Eher zwanghafte Keimsituationen zeigen sich in der Angst vor Spontaneität und Wandel. Es dominieren Zweifel, Zögern, Rationalisierungen, Vorsicht und Aufschub gegenüber Risiko und der Kreativität. Skrupel werden zur Schutzhaltung vor Aktivität und Spontaneität.

Eine Wurzel des Bösen und der Sünde ist die Angst vor Gott bzw. ein Urmisstrauen Gott gegenüber. Die Sündenfallgeschichte im Buch Genesis, Kapitel 3, weist ein Verkennen Gottes als Ursprung des Bösen auf. Es wird vorgegaukelt, dass Gott doch nicht gut und großzügig, sondern kleinlich, neidisch und gefährlich ist. Möglicherweise ist er mies, brutal, ungerecht und unfair. Dieses Verkennen Gottes zeigt sich zum einen in der Furcht vor der Strafe und der damit verbundenen Verweigerung, das eigene Leben, das eigene Talent schöpferisch einzusetzen und zu wagen (Mt 25,14–30). Zum anderen führt das Ressentiment gegen Gott zur Sorge, zu kurz zu kommen, das Beste im Leben zu versäumen. So muss man sich anderweitig schadlos halten.

Vertrauen und Lebensmut

Im Gegensatz dazu weiß sich Jesus als Sohn seines himmlischen Vaters. Er spricht seine Zuhörer als Kinder dieses einen Vaters an. Als solche lehrt er sie das Gebet „Vater unser". Dieses Verhältnis zum Vater ist bei Jesus von einer unüberbietbaren Nähe, Innigkeit, Vertraulichkeit, ja Zärtlichkeit geprägt. Dies zeigt sich in seiner Abba-Anrede. „Abba" ist das Wort, mit dem ein Kind in aller Vertraulichkeit im Kreis der Familie seinen Vater anredete.

Der Psychoanalytiker Erik Erikson[52] stellt in sehr tief greifenden Analysen fest, dass die Grundkomponente des menschlichen Daseins ein Ur-Vertrauen ist. Das ist eine Erfahrung, die bereits auf die allererste Lebenszeit des Menschen zurückgeht, wo der Säugling noch ganz und gar umhegt und umsorgt ist von der Mutter und vom Vater und sich in ihm das Gefühl herausbildet, dass man sich auf die Wirklichkeit verlassen kann und darf. Wo aus welchen Gründen auch immer das Zustandekommen dieser Erfahrung durch frühkindliche Traumata verhindert wird, sind psychische Störungen für das ganze Leben zu erwarten. Man kann nur gesund, heilvoll, harmonisch leben, wenn man in einem Urvertrauen zum Leben lebt, eben nicht nur in der Säuglingszeit, sondern auch dann und gerade dann, wenn man anfängt, eigene Lebenserfahrungen zu machen und persönlich mit dem Leben umgehen zu müssen.

Paul Tillich, ein Religionsphilosoph, spricht von einem „Mut zum Sein"[53], der mit dem Leben unauflöslich verbunden ist. Im Vollzug des menschlichen Daseins selbst steckt ein ursprüngliches und fundamentales Ja zum Guten und zum Besseren. Im Menschen stecken unausrottbar die Sehnsucht und der Wille, das, was er als negativ erfährt, zu verändern und ins Positive umzuwandeln. Dieses grundsätzliche Nein zum Negativen hat eben seinen Grund in einem vorausliegenden Ja zum Positiven des Daseins und damit auch zu dem Zustand, wie das Leben eigentlich sein soll. Gewiss, wo dieses ursprüngliche Ja zum Dasein manchmal schon von Kindheit an zerstört wird durch fehlende Liebe, durch ausweglose Situationen, durch gesellschaftliche Missstände, kann sich die positive Grundeinstellung zum Dasein umkehren in ein Nein, das sich in Gleichgültigkeit oder in Verzweiflung, in Resignation oder sogar auch im Willen zur Zerstörung äußern kann. Aber gerade diese Umkehr vom Ja zum Nein wird dennoch nicht als genauso gut und sinnvoll bewertet wie ein grundsätzliches Ja zum Dasein. Jeder von uns weiß letztlich, dass Frieden und Friedenstiften besser ist als Krieg und Kriegstreiberei. Wir haben in uns ein Bild vom Guten und prinzipiell wollen wir es auch.

Erwachsen glauben

Bei Jesus zeigt sich, dass der unüberbietbaren Nähe des Vaters auch eine Andersartigkeit, ein Geheimnis, eine Rätselhaftigkeit entspricht. Es ist bezeichnend, dass die Evangelien uns von der Abba-Anrede Jesu wörtlich nur berichten im Zusammenhang der Auseinandersetzung am Ölberg. Im Angesicht des furchtbaren Geschicks, das vor ihm liegt, spricht er: „Abba, Vater, alles ist dir möglich. Nimm diesen Kelch von mir! Aber nicht, was ich will, sondern was du willst." (Mk 14,36).

Zum Glauben im Sinne Jesu gehört also das unbedingte Vertrauen, aber auch die Erfahrung der Fremdheit des Vaters. Zum Weg des irdischen Jesus gehört außerdem der Abschied von seiner Mutter. Ignatius von Loyola lässt in den „Geistlichen Übungen" den Exerzitanten diesen Abschied betrachten: „Nachdem sich Christus unser Herr von seiner gebenedeiten Mutter verabschiedet hatte, kam er von Nazaret zum Jordanfluß, wo der heilige Johannes der Täufer war."⁵⁴

Papst Benedikt XVI. hat vor seiner Papstwahl angesichts der gegenwärtigen Situation gefordert, im Glauben erwachsen zu werden: „Wir sind gerufen, um wirklich Erwachsene im Glauben zu sein. Wir sollen nicht Kinder im Zustand der Unmündigkeit bleiben. Was heißt, unmündige Kinder im Glauben sein? Der hl. Paulus antwortet: Es bedeutet, ‚ein Spiel der Wellen zu sein, hin- und hergetrieben von jedem Widerstreit der Meinungen' (Eph 4,14)."⁵⁵ Erwachsen glauben, das heißt, dass der Mensch seine Verantwortung nicht infantil delegiert, nicht an die anderen, nicht an das Volk. Für einen erwachsenen Glauben ist die Freundschaft mit Jesus zentral: „‚Erwachsen' ist nicht ein Glaube, der den Wellen der Mode und der letzten Neuheit folgt; erwachsen und reif ist ein Glaube, der tief in der Freundschaft mit Christus verwurzelt ist."

Wer erwachsen glaubt, ist nicht mehr infantil und auch nicht pubertär. Infantil ist der, der es sich mit keinem vertun will, weil er Angst vor Liebes- und Sympathieentzug hat und sich nicht getraut, jemandem zu widersprechen. Infantile vermeiden in ihrer

Suche nach Harmonie jeden eigenen Standpunkt. Sie gehen ständig Symbiosen ein, sind jedoch unfähig zu Beziehungen unter freien und erwachsenen Menschen. Pubertär sind bloße Neinsager. Viele Neinsager haben keinen Humor, sie können nicht über sich selbst lachen, sie sind kampfwütig verbissen. Erwachsen sind auch nicht die Wendehälse. Die Wendehälse sind überall dabei, die Widersprüche gehören zum System. Im Zeitalter des kulturellen Pluralismus neigen nicht wenige dazu, die widersprüchlichsten Auffassungen im Bereich der Ethik oder Religion gelten zu lassen. Wer an dieser unterschiedslosen Liberalität, an dieser schlechten Gleichheit Anstoß nimmt, gilt als intolerant.

Im Glauben nimmt der Christ und die Christin teil an der Vorliebe Gottes für Mensch und Welt. Glauben ist Hören und Annehmen des endgültigen Ja, der irreversiblen Zusage. Die christliche Botschaft ist eine Chiffre für schöpferische Lebensfreundlichkeit. Glaube als freies Antwortgeschehen auf die Selbstmitteilung Gottes ist der Mitvollzug dieser Option Gottes für Mensch und Welt. Er schließt eine Option und eine Lebenswahl ein. Es bedeutet – um des Ja willen – auch Abschied und Absage. Die Kraft der Entscheidung für das Reich Gottes zeigt sich im Mut zum Nein gegenüber Götzen, dem Mammon (Mt 6,19–21), gegenüber kollektiven Egoismen, zerstörenden Mächten, Ungerechtigkeit und Unterdrückung. Ein Gebot der Stunde ist die „Unterscheidung der Geister" zwischen fanatischen und zerstörerischen bzw. erlösenden und befreienden Gottesbildern, zwischen Jesus Christus und Verführern, zwischen dem Geist und dem Ungeist:

„Geliebte, traut nicht jedem Geist, sondern prüft die Geister, ob sie aus Gott sind."
(1 Joh 4,1)

Und: „Prüft alles und behaltet das Gute!"
(1 Thess 5,21)

ANMERKUNGEN

1. Manfred Scheuer, Mehr oder wniger?, Festpredigt, in: Martin Dürnberger, Reduktion, Warum wir mehr weniger brauchen, hg. als Jahrbuch im Auftrag des Direktoriums der Salzburger Hochschulwochen, Innsbruck 2024, 161–171.
2. Papst Franziskus, Enzyklika Dilexit Nos über die menschliche und göttliche Liebe des Herzens Jesu Christi, Rom 2024, Nr. 205.
3. Ebd., Nr. 216.
4. Philippus Theophrastus Paracelsus, in: www.aphorismen.de/zitat/22452 (Zugriff: 31.10.24).
5. Ludwig Feuerbach, Gesammelte Werke 10, Stuttgart 1976, 358; vgl. dazu Josef Winiger, Ludwig Feuerbach. Denker der Menschlichkeit. Biographie, Berlin 2004, 284–286.
6. Papst Benedikt XVI., Enzyklika Caritas in Veritate über die ganzheitliche Entwicklung des Menschen in der Liebe und in der Wahrheit, Rom 2009, Nr. 7.
7. Paracelsus, Die dritte Defension wegen des Schreibens der neuen Rezepte, in: Septem Defensiones 1538 (Werke Bd. 2), Darmstadt 1965, 510.
8. Ignatius von Loyola, Geistliche Übungen. Nach dem spanischen Autograph übersetzt von Peter Knauer SJ, Würzburg 1998, Nr. 2.
9. Ludwig Wittgenstein, Philosophische Untersuchungen, Frankfurt a. M. 1971, § 593.
10. Vgl. Thomas Vogel, Mäßigung. Was wir von einer alten Tugend lernen können, München 2018.

11 Vgl. I. Zeilhofer-Ficker, Rückkehr zur Einfachheit, München 2015.
12 Martin Heidegger, Der Feldweg, Frankfurt a. M. 1947, 7; Otto A. Böhmer, Sternstunden der Philosophie. Schlüsselerlebnisse großer Denker von Augustinus bis Popper, München ³1993, 164f.
13 Theodor Haecker, Werke II (Tag- u. Nachtbücher 1939–45), München ³1959, 119.
14 Dag Hammarskjöld, Zeichen am Weg. Das spirituelle Tagebuch des UN-Generalsekretärs, München 1965, zitiert nach: Erweiterte und kommentierte Neuausgabe, Stuttgart 2011, 150.
15 Ignatius von Loyola, Geistliche Übungen, Nr. 21.
16 Michael Rosenberger, Von innen her genießen. Maßhaltung bei Essen und Trinken, in: ThG 59 (1/2016), 13–24, 14f.
17 Vgl. Carl Friedrich von Weizsäcker, Gehen wir einer asketischen Weltkultur entgegen?, in: ders., Deutlichkeit. Beiträge zu politischen und religiösen Gegenwartsfragen, München 1978, 73–113.
18 Vgl. Die deutschen Bischöfe, Zukunft der Schöpfung – Zukunft der Menschheit. Erklärung der Deutschen Bischofskonferenz zu Fragen der Umwelt und der Energieversorgung, Bonn 1980, 16.
19 Carl Friedrich von Weizsäcker, Der Garten des Menschlichen. Beiträge zur geschichtlichen Anthropologie, München–Wien 1977, 505.
20 Markus Hengstschläger, Die Durchschnittsfalle. Gene – Talente – Chancen, Wien 2012.

21 Markus Hengstschläger, Was heißt hier Zukunft?, Radio Vorarlberg, in: https://vorarlberg.orf.at/v2/radio/stories/2589734/ (Zugriff: 15.10.24).

22 Hugo Rahner, Die Grabschrift des Ignatius von Loyola, in: ders., Ignatius von Loyola als Mensch und Theologe, Freiburg 1964, 422–440.

23 A. Bieger (Hg.), Hölderlins Werke in einem Band, Salzburg 1950.

24 Vgl. Gervais Dumeige, Ignace de Loyola, in: DSp VII, Paris 1971, 1266–1318, hier 1278.

25 Monumenta Ignatiana, Nr. 282, zitiert nach: Ignatius von Loyola, Gründungstexte der Gesellschaft Jesu, übersetzt von Peter Knauer (Deutsche Werkausgabe Band II), Würzburg 1998, 668.

26 Meister Eckhart, Deutsche Predigten und Traktate, hg. und übersetzt von Joseph Quint, München 1955, 179ff.

27 Georg F. W. Hegel, Band 2: Phänomenologie des Geistes, hg. von Hermann Glockner, Stuttgart 1964, 282.

28 André Gide, Tagebuch 1889–1939, Bd. I, Stuttgart 1950, 105.

29 Theodor Wiesengrund Adorno, Minima Moralia, I, 18, in: Gesammelte Schriften, Bd. 4, Berlin 2003, 19.

30 Bibelverse sind entnommen aus: Einheitsübersetzung der Heiligen Schrift. Katholische Bibelanstalt GmbH, Stuttgart 2016.

31 Adam Smith, Der Reichtum der Nationen. Nach d. Übers. von Max Stirner und der englischen Ausgabe von Cannan (1904) hg. von Heinrich Schmidt (Jena), Band 1, Leipzig o. J. [1910], 8–9.

32 Vgl. Papst Benedikt XVI., Ansprache an die Teilnehmer der 37. Konferenz der FAO am 01.07.2011, in: www.vatican.va/content/benedict-xvi/de/speeches/2011/july/documents/hf_ben-xvi_spe_20110701_fao.html (Zugriff: 15.10.24).

33 Dietrich Bonhoeffer, Widerstand und Ergebung (1944): Briefe und Aufzeichnungen aus der Haft, hg. von Eberhard Bethge, München 1970, 414.

34 Friedrich Nietzsche, Also sprach Zarathustra. Ein Buch für alle und Keinen, Chemnitz 1883, 79.

35 Vgl. Franz Jalics, Kontemplative Exerzitien, Würzburg ^{15}2014, 364.

36 Hammarskjöld, Zeichen am Weg, 69; vgl. Johann Hoffmann-Herreros, Dag Hammarskjöld. Politiker – Schriftsteller – Christ, Mainz 1991.

37 Hammarskjöld, Zeichen am Weg, 20.

38 Ebd., 83.

39 Ebd., 88.

40 Ebd., 105.

41 Ebd., 85.

42 Papst Franziskus, Angelus am 04.01.2015, in: www.vatican.va/content/francesco/de/angelus/2015/documents/papa-francesco_angelus_20150104.html (Zugriff: 15.10.24).

43 Jacques Derrida, Jahrhundert der Vergebung. Verzeihen ohne Macht – unbedingt und jenseits der Souveränität, in: Lettre international 48 (2000), 10–18, hier: 11.14.

44 Vgl. dazu besonders: Melanie Wolfers, Die Kraft des Vergebens. Wie wir Kränkungen überwinden und neu lebendig werden, Freiburg im Breisgau 2017.

45 Vgl. Gisbert Greshake, Gott in allen Dingen finden. Schöpfung und Gotteserfahrung, Freiburg 1986.
46 Vgl. auch: Gen 1,27; Dtn 8,6–20; Dan 3,57–88; Ps 104; 148; Mt 6,25; Röm 8,19.
47 Hilde Domin, Gesammelte Gedichte, Frankfurt am Main 1995, 291.
48 Elie Wiesel, Die Weisheit des Talmud. Geschichten und Portraits. Aus dem Französischen von Hannes Bücker, Freiburg–Basel–Wien ²1996, 187.
49 Papst Benedikt XVI., Beim Weihnachtsempfang für das Kardinalskollegium am 22.12.2011, in: www.vatican.va/content/benedict-xvi/de/speeches/2011/december/documents/hf_ben-xvi_spe_20111222_auguri-curia.pdf (Zugriff: 31.10.24).
50 Eugen Drewermann, Strukturen des Bösen. Die jahwistische Urgeschichte in exegetischer, psychoanalytischer und philosophischer Sicht, Paderborn 1982, Bd. III, XVI.
51 Vgl. Fritz Riemann, Grundformen der Angst, München 1983; ders., Grundformen helfender Partnerschaft, München 1982, 40–47.
52 Vgl. Erik Erikson, Kindheit und Gesellschaft, Stuttgart 1969.
53 Vgl. Paul Tillich, Der Mut zum Sein, Berlin 2015.
54 Ignatius von Loyola, Geistliche Übungen, Nr. 273.
55 Joseph Kardinal Ratzinger, Missa Pro Eligendo Romano Pontifice (Hl. Messe zur Wahl des Papstes) am 18.4.2005, in: www.vatican.va/gpII/documents/homily-pro-eligendo-pontifice_20050418_ge.html (Zugriff: 15.10.24).

DER AUTOR

MANFRED SCHEUER ist seit 2016 Bischof der Diözese Linz. Nach seiner Habilitation an der Universität in Freiburg lehrte er als Professor bis 2003 an der Theologischen Fakultät Trier Dogmatik und Dogmengeschichte. 12 Jahre wirkte er dann als Bischof der Diözese Innsbruck. Er hat zahlreiche Bücher im Tyrolia-Verlag veröffentlicht, unter anderem über den Widerstand der katholischen Kirche gegen den Nationalsozialismus.

TYROLIA

www.tyrolia-verlag.at

Aus dem Alltag der Wüstenväter

Bernhard A. Eckerstorfer
Kleine Schule des Loslassens
Mit den Weisheiten der Wüstenväter durch den Tag

Im 4. und 5. Jahrhundert zogen viele Menschen in die öden Landschaften abseits des fruchtbaren Niltales. Sie hatten ihr früheres Leben aufgegeben und begaben sich in die Schule älterer weiser Mönche. Die überlieferten Weisheiten faszinieren bis heute.

136 Seiten, zweifärbig, gebunden
ISBN 978-3-7022-3737-0

TYROLIA

www.tyrolia-verlag.at

Das Vermächtnis eines weltberühmten spirituellen Lehrers

David Steindl-Rast
Orientierung finden
Schlüsselworte für ein erfülltes Leben

Wie können wir in einer sich rasch ändernden Welt Halt finden? Im Alter von 95 Jahren fragt Bruder David Steindl-Rast nach den zentralen Orientierungspunkten, die sein Leben geprägt haben – „mein ganzes Leben wollte ich vor allem wissen, wie alles mit allem zusammenhängt".

168 Seiten, gebunden
ISBN 978-3-7022-3992-3

FSC MIX Papier aus verantwortungsvollen Quellen FSC® C014138

Nachhaltige Produktion ist uns ein Anliegen; wir möchten die Belastung unserer Mitwelt so gering wie möglich halten. Über unsere Druckereien garantieren wir ein hohes Maß an Umweltverträglichkeit: Wir lassen ausschließlich auf FSC®-Papieren aus verantwortungsvollen Quellen drucken und verwenden Farben auf Pflanzenölbasis. Wir produzieren in Österreich und im nahen europäischen Ausland, auf Produktionen in Fernost verzichten wir ganz.

Mitglied der Verlagsgruppe „engagement"

© 2025 Verlagsanstalt Tyrolia Ges.m.b.H.
Exlgasse 20, 6020 Innsbruck
Umschlaggestaltung: Team Stadthaus, Innsbruck
Layout und digitale Gestaltung: Elvira Perterer, Innsbruck
Druck und Bindung: FINIDR, Tschechien
ISBN 978-3-7022-4266-4

E-Mail: buchverlag@tyrolia.at
Internet: www.tyrolia-verlag.at